人文社科
高校学术研究论著丛刊

公共英语项目教学设计与实践

胡小青 著

中国书籍出版社
China Book Press

图书在版编目(CIP)数据

公共英语项目教学设计与实践 / 胡小青著. —— 北京：中国书籍出版社，2023.7

ISBN 978-7-5068-9490-6

Ⅰ. ①公… Ⅱ. ①胡… Ⅲ. ①英语—教学设计—研究—高等学校 Ⅳ. ①H319.3

中国国家版本馆 CIP 数据核字(2023)第 129262 号

公共英语项目教学设计与实践

胡小青 著

丛书策划	谭 鹏 武 斌
责任编辑	张 娟 成晓春
责任印制	孙马飞 马 芝
封面设计	东方美迪
出版发行	中国书籍出版社
地　　址	北京市丰台区三路居路 97 号(邮编：100073)
电　　话	(010)52257143(总编室)　(010)52257140(发行部)
电子邮箱	eo@chinabp.com.cn
经　　销	全国新华书店
印　　厂	三河市德贤弘印务有限公司
开　　本	710 毫米×1000 毫米 1/16
字　　数	181 千字
印　　张	10.75
版　　次	2024 年 1 月第 1 版
印　　次	2024 年 1 月第 1 次印刷
书　　号	ISBN 978-7-5068-9490-6
定　　价	70.00 元

目　录

引 言

“课程思政”于 2014 年由上海教委首次提出。2016 年 12 月，习近平总书记在全国高校思想政治工作会议上强调“各类课程与思想政治理论课同向同行，形成协同效应”“思想政治教育元素被融入专业课程”（王学俭，石岩，2020:51），具有中国特色的课程思政应时而生。2020 年 5 月，教育部印发的《高等学校课程思政建设指导纲要》中明确要求“落实立德树人根本任务，必须将价值塑造、知识传授和能力培养三者融为一体、不可割裂”。孙有中（2020:46）提出课程思政的核心目标是“三观”塑造，要通过价值观思辨，强化社会主义核心价值观。众多知名学者和专家都认为课程思政的要点在于价值观的引领和塑造，如肖琼、黄国文（2020:10），杨金才（2020:48），刘正光等（2021:26—27），罗良功（2021:60）等。

外语课程思想政治教育，简称外语课程思政，是“以外语教师为主导，通过外语教学内容、课堂管理、评价制度、教师言行等方面，将立德树人理念有机融入外语课堂教学各个环节，致力于为塑造学生正确的世界观、人生观、价值观发挥积极作用”（文秋芳，2021:48）。大学外语课程教学对象是非外语专业的全部大学生，其课程思政效果影响面大，几乎覆盖全校。为推进大学外语课程思政建设，高等学校大学外语教学指导委员会于 2021 年 10 月成立《大学外语课程思政教学指南》研制工作组，结合大学外语课程教学实际，从政治认同、家国情怀、文化素养、专业知识、道德修养五个方面确立了《大学外语课程思政教学指南》内容重点。“挖掘升华”与“融入结合”是课程思政内容与大学外语教育内容的两种主要结合方式：基于大学外语课程内容从文本主题和语篇由上至下地挖掘思政元素，并在挖掘基础上实现思政元素自下而上的升华；将思政元素由外向内地融入大学外语教学内容，或者教学内容自内向外与思政元素结合，取得“润物无声、盐溶于水”的效果。《大学外语课程思政指南》和《大学外语教学指南》的同向同行体现了知识教育与价值教育、显性课程与隐性课程、育才与育德的协同推进(赵雯,刘建达,2022:12—19)。白舒娅、金伟(2022)通过对2014—2022年有关“高校课程思政”的论文进行了梳理和分析发现:虽然近些年“大学英语”课程思政教学与研究蓬勃发展,但普遍存在下列问题:课程思政的教学方式较为单一、教学内容范式化,说教性、展示性特点强烈,教师单一输出,较少考虑学生的吸收效果和需求。此外,笔者认为目前课程思政显性特征强,隐性特征弱,很难做到“润物无声、盐溶于水”。基于如上问题,研究者尝试提出新的课程思政教学设计。

本教学设计的教育哲学是建构主义,认为“认识的获得不是通过传递,而是通过建构”(P. L. 史密斯,T. J. 雷根,2008:28),设计依托“项目”创新大学外语课程思政教育手段,把被动地的听、看、读”转变为主动地的想、做、说”。课题的研究目的是探索更加有效的教学模式、育人模式和课程思政模式:一方面能够实现在真实语境中把外语真正当作语言工具,全方位发展学生能力、培育大学生基本学术素养,让学生掌握最基本的研究方法,学会使用各类网络平台和软件,学会解读和分析数据,撰写研究报告,制作PPT等;另一方面,能够通过调查、思考、讨论等实践活动,对研究话题有更为深刻和理性的认知,从而达到以隐性的手段让学生通过探索与思考,在教师引导下自塑价值观。该教学模式将价值塑造、知识传授和能力培养三者融为一体。在该教学设计中,教师是配角,是组织者、辅导者和评价者,学生是主角,是研究者和实践者。研究者通过实验探索依托项目的“公共英语课程设计”的可行性和效果,利用行动研究法对实验反复验证和优化,运用观察法记录实验班师生的体验、问题、能力、态度、思想认识等,为优化方案提供依据,运用问卷法和访谈法评估路径的效度。

项目实验教学遵循如下步骤:①实验前,实验教师依据教材单元主题,结合大学生生活实际提炼项目主题,并将价值探讨融入其中,并根据项目主题拟制主要研究内容,为学生提供基础思路,把控其研究范围。②实验中,首先是项目分组和布置项目选题,然后学生以项目小组为单位开展项目研究,之后在课堂汇报与展示,师生共同点评项目,并择优参加评比展示。③实验后,教师对学生作品和教学过程进行收集、整理、总结与反思。

该教学设计的实践面临多种现实问题,需要在不断尝试中不断优化以减少阻力。

首先，PBLI 对于教师来说是个挑战：①在实践中教师角色趋于复杂化、多重化，需要付出更多精力；②教师深受传统外语教学理念影响，使其转变理念并付诸实践具有难度；③教师需要具备一定的学术研究经验和能力来设计和指导学生实施项目。

针对如上问题，研究者通过提供统一的教学设计和步骤，制作系列微课展示项目流程与关键环节，建立经验共享渠道来尽量消解实验教师所面临的问题与压力。

其次，应试教育环境带来挑战。学生往往是为通过各类考试而学习英语，而实施项目研究需要收集资料、调查、分析、讨论、制作 PPT 等，这都需要花费一定的时间与精力，因此，学生有可能趋于消极应付。研究者必须通过建立相应的考核评价体系、设计比赛环节、鼓励学生申请创新课题等手段来降低应试环境带来的负面效应。

接下来，我们来看看“公共英语课程设计”所依托的教学模式“项目教学法”是如何起源与发展的，以及该教学模式的重要内涵及特征。

第一章　项目教学法

第一节　“项目教学法”的起源、发展与应用

“项目教学法”萌芽于欧洲的劳动教育思想，雏形为 18 世纪欧洲的工读教育和 19 世纪美国的合作教育。美国实用主义哲学家、教育家杜威（Dewey，1915；Dewey，1926）在批判传统学校教育的基础上，提出了“从做中学”这个基本原则。之后，他的学生克伯屈（Kilpatrick，1918）沿袭了杜威的实用主义教育思想，提出“设计教学法”，目的在于创设问题情境，让学生自己去计划、去执行和解决问题，他于 1918 年详细地论述了设计教学法的理论基础和实施步骤，并成为这一教学法的代表人物。如今许多关于项目教学的研究都把杜威及其学生的理论和实践作为项目教学的起源。

“项目教学法”经过发展，到 20 世纪中后期逐渐趋于完善，并成为一种重要的理论思潮。根据莱格特克和托马斯（Legutke & Thomas，1991）、赫奇（Hedge，1993），自 20 世纪 70 年代中后期，英语教育者开始探索和应用项目教学，并出现了依托项目的外语教学（Project-Based Language Learning and Instruction，PBLI）。20 世纪末，艾林（Eyring，1989）和贝克特（Beckett，1999）的博士论文对研究 PBLI 产生了深远影响。海恩斯（Haines，1989）在实践的基础上对 PBLI 进行总结，出版了《英语课堂项目：教师资源资料》（*Projects for the EFL Classroom：Resource Material for Teachers*），供 EFL 课堂教学参考。该著作的出版对于在非英语国家英语教学实践中推广 PBL 产生了积极影响。之后，有很多学者纷纷探讨了 PBLI 课堂实践模式，以及 PBLI 作为将语言和学科内容相结合

的教学模式的优势。2002年,弗莱德·布斯(Fried-Booth)在多年PBLI实践之后,收集、整理并最终出版了《项目工作》(*Project Work*)完全修订版,一部可供课堂教学参考使用的项目集。2005年,贝克特和斯莱特(Beckett&Slater)提出了一个可操性的PBLI框架,并通过实证检验了该框架的有效性,该框架成为许多后续研究的参照,是理论联系实际的一项重要研究成果。2006年,贝克特和米勒(Beckett & Miller)出版了第一部PBLI专题研究文集《基于项目的第二外语教育:过去、现在和未来》(*Project-based Second and Foreign Language Education:Past,Present and Future*),它打破了过去零散不成规模的研究局面,为形成PBLI研究的国际共同体、开创新的研究局面迈出了重要的一步。

我国对"项目式教学"的研究起步比较晚,最初的"项目学习法"主要应用在职业教育上。1996年《中华人民共和国职业教育法》颁布,我国学者借鉴德国的职业教育方法,将"项目式学习"引入国内以提高职业教育效果。知网第一篇提到项目式教学的文献在1995年,赵志群(1995)简述了德国的职业教学法体系。同年,《科学课》杂志先后刊登了德国安内莉泽·波拉克女士在中德自然常识研讨会上所介绍的"德国家乡常识课项目设计教学实例"的两篇翻译稿。第一篇设计项目式教学的文献出现在1998年,洪长礼(1998)在《项目教学法的培训效果初探》一文中介绍了王秉安教授在引入"项目教学法"后的工商管理培训效果,从个人、教师、企业三个层面论述项目教学法带来的影响,并表达了对该教学方法的展望。此后,国有企业在工商管理培训上开始纷纷尝试"项目学习法"。在2000年项目学习法延展进入常规教育,昆明的春城小学,将"项目式学习法"引入到了小学教育当中,用论文、演讲比赛的方式代替作业(曹滢,2000)。总体来说,在1995—2001年,项目式教学法在我国处于初步探索的萌芽阶段。

"项目式教学"很快扩展到外语教学领域。我国在语言项目化教学的研究中,多数成果出现在21世纪初,大多处于可行性探讨层面。代表性文献如下:1999年,由文秋芳主导,在南京大学实施的"综合素质实践课"和2002年苏州大学的"多媒体项目教学"(顾佩娅,2002)开辟了我国项目学习应用于外语教学的先河,并通过实践初步验证了项目学习在我国外语教学实践中的可行性。张凤祥(2009)、李慧慧(2011)、衡芝兰(2014)、王金刚(2013)分别对PBLI在大学英语精读、口语、写作、阅读教学中进行了实证研究。其间,刘景福、钟志贤(2002)、张文忠(2010)等对国外依托项目的外语教学研究30年进行了详细的文献综述，对其在我国的推广起到了积极作用。

此后，PBLI进入本土化阶段。张明芳(2011)从后方法视角构建出我国外语教学环境下的项目学习框架。张文忠(2015)在系统的文献研究基础上，开设了英语研究式学习(English Through Projects)课程，并提出了适合研究型大学英语专业的本土化项目英语教学模式。武会芳(2017)探讨了外语项目化教学中小组项目评价方式。刘育东(2019)从教育观、学习观和语言观三个角度探讨了PBLI教学模式的理论基础。陈旭辉、张荣胜(2008,2009)对项目教学的开发、教学流程、教学设计及应用等进行了系统的研究。随着网络信息技术在教学应用中的快速普及，项目教学法的应用与研究也得到拓展。张文兰、张思琪(2016)从国家课程项目式重构的视角，结合教学实践提出了网络环境下基于课程重构理念的项目式学习模式，并通过实践案例展示了该模式在基础教育领域的应用。甘容辉(2019)提出项目依托式协作探究学习外语教学模式是"互联网+"时代的一种新型教学模式，是协同创新语言研创活动。

随着PBLI教学模式在本土的推广和深入，PBLI教学效果研究成为研究热点。盘峻岚(2017)使用恩尼斯-维尔批判性思维作文测试(Ennis-Weir Critical Thinking Essay Test)量具对比分析实验组和对照组测试分数，结合实验组学生的项目日志等质性数据，得出结论项目学习法对英语专业学生的批判性思维能力确有积极影响。李继燕(2019)通过定量定性分析相结合的方法，探讨了学生对项目式教学的认可度和历时认知变化，研究发现学生对项目式学习主体持肯定态度，认为能有效提升阅读、写作和口语能力，能有效提高学生的综合素质。多位研究者通过实验先后证实项目教学法对大学生内在学习动机产生积极影响，可以提升学习效率，拓宽知识渠道、提升素养，转变英语学习观念和方式，提高人际交往能力等(郭丽，2021；张颖，2022；郑祥燕2022等)。

国内外实证研究结果证明PBLI确实是一种有效的教学模式。目前，我国依托项目的外语教学应用和研究尚存在局限性，如研究对象分布不均，研究高度集中在职业技术教育，普通高等教育则集中在英语专业教育，在大学外语即公共外语教学上的应用与研究有限。研究依然存在较多空白领域，如如何利用项目教学法的跨学科特点？应用PBLI教学模式是否对教师产生反拨作用？在PBLI教学模式下，教师如何指导、引导、监督与评价？课程思政是否能够与PBLI教学模式融合发展以提高课程思政效果和拓展PBLI的功能与领域？使用具有PBLI设计理念的教材如《新视野大学英语》是否改变或影响了单向灌输的传统教育方式？

第二节　“项目教学法”的内涵与特征

一、“从做中学”

项目教学法起源于19世纪中叶欧洲兴起的实用主义。实用主义是一种哲学，强调特定研究目的以及研究活动所具备的实践性。该哲学流派的代表人物杜威主张将教育与社会实践、现实生活进行融合，强调“通过行动学习”，主张在现实生活中进行真正的探索和实践，不提倡在教室中进行机械式记忆。项目教学法就是在老师的指导下，将一个相对独立的项目交由学生自己处理，包括收集信息、设计方案、实施项目及最终评价。学生通过项目实践应用知识和获取知识，因此，实践性是“项目教学法”最大的内涵。

二、完成任务/解决问题

“项目教学法”是以主题和任务为中心和驱动的教学方式。

首先，教师需要根据教学问题设计和制定一个项目的工作任务，即创设学生当前所学习的内容与现实情况基本相接近的情景环境，把学生引入到需要通过某些知识来解决现实问题的情境。其次，在实施过程中，学习者要根据任务或问题进行讨论和思考，设计出具有可执行性的处理方案，用理性审视假设，并展开测试；或者是实施调查研究，联系时代背景、运用相关理论深度解读调查结果，最终提出解决问题的建议。这种探索活动的好处不在于完成任务或是解决问题本身，而在于发现问题所涉及的各种知识和技能，以及对问题某些方面形成更深刻理解。因此，项目是学习的媒介，正确处理和回答项目中的问题以获取知识，并使学生逐渐习惯独立地解决问题，提升其综合素养。

三、设计规划

威廉·赫德·克伯屈(Kilpatrick，1918)沿袭了杜威的实用主义教育思想，提出“设计教学法”，目的在于创设问题情境，让学生自己去计划、去执行和解决问题。“设计教学法”被认为是项目教学法的起源。因此，“设计”是项目教学法的重要内涵。“设计”实际上不仅仅是在教师层面(教师需要根据问题设计和制定一个项目任务)，更在于完成项目的学生，他们需要设计完成任务的方案。“设计”需要全局视野，在项目教学模式下教师和学生都被置于一个更高层次，从“职员”变成了“总裁”，从“士兵”变成了“将军”，任务是否能完成，完成的质量如何都与“设计”密切相关，正是“设计”这个实践环节让师生能力得到大幅提升。因此，设计是项目教学法的另一重要内涵。

四、“以学习者为中心”

项目教学法的基本原则就是“以学习者为中心”。在项目教学框架下，学生是教学活动的主体，教师是“引导者”，学生在教师的指导下，规划并监控项目过程、项目进展和结果。项目教学法与传统教学法大不相同，它强调学生的自学能力、独立解决问题的能力，强调学生在教学过程中的主体地位，以及教师的引导作用。

五、协作磋商

莱格特克和托马斯(Legutke & Thomas，1991)界定“项目是一个共同构建和磋商的行动计划，是所有参与者共同磋商的结果”。在项目教学模式下，通常由教师提出一个或几个项目任务设想，然后和学生一起讨论，最终确定项目的目标和任务；之后，由学生组成的项目组领取任务，通过磋商(包括师生间的磋商，项目组成员间的交流、讨论)制订项目工作计划，确定工作步骤，分配任务，实施计划，最终分工协作完成项目；完成项目后，师生共同讨论、评判项目工作中出现的问题。因此，协作与合作、磋商与讨论贯穿项目教学的全过程，是“项目教学法”的重要内涵。

六、汇报展示

项目小组在教师的指导下完成任务后要通过撰写研究报告和制作PPT来汇报和展示项目。要求学生用流畅的语言、清晰的思路，有理、有据、有逻辑且生动有趣地将展示性特点表达出来，以期获得同学和老师的认可。展示性特点对外语类项目教学意义非凡：首先，不论是英语专业还是非英语专业大学生，撰写英文研究报告是他们在学术道路上的发展必然，通过本环节，学生可以掌握一般英文学术写作规范，亲身体验二语写作带来的快乐和困惑；其次，制作高质量的PPT和课堂上流畅、自信、生动地介绍可以为项目小组带来极大的成就感和荣誉感，即便展示不成功，也会给小组成员带来巨大动力，为下一个任务做更充分的准备。

七、评价反思

在项目汇报展示完毕后，我们需要评估项目，包括教师评价、学习小组评价和自评，师生共同讨论、评判项目工作中出现的问题、解决问题的方法以及学习行动的特征等，通过评价，通过反思，纠正认识，纠正方法，纠正思路。

此外，项目教学法还具有跨学科性和兼容性，这一特征使外语教学的跨域成为可能，通过项目用外语去研究政治、经济、文化、技术，社会等，实现语言作为工具在真实语境中的应用。

第三节　公共英语课程与“项目教学法”融合的意义

将项目教学法与公共英语课程及课程思政相融合具有重要且丰富的研究意义。

一、提高课程思政效果

课程思政的核心目标是“三观”塑造（孙有中，2020：46）。将思政元素融入项目，将增强项目的思辨性、人文性和思想性，驱动大学生反思生活、反思态度、思考和辨析社会现象，并给他们创造机会和场合表达思想、表达观点，在思考、探索、表达和交流过程中，他们将日益成熟、健康和理性，他们不应该仅仅成为满足社会需求的产品，应该成为促进社会思想进步的主导力量。项目把被动地“听、看、读”转变为主动地“想、做、说”，其实践性使思政教育巧妙摆脱单向宣传灌输的刻板印象，同时其客观、科学的研究性特征亦使思政教育远离形式主义。课程思政的手段直接关乎效果，要做到“润物无声”，依托项目具有创新意义。

二、提高学生综合素质

将 PBLI 引入外语教学为学生提供了两种能力：语言能力和非语言能力。首先，项目主题的变化增加了语言实践的多样性。其次，语言成为工具，教学活动延伸到了课堂之外，学生成为教学中心，学习主动性和积极性极大增强；综合素质得以提升，诸如交际能力、协作精神、创新和独立解决问题能力、思辨能力、社会实践能力以及学术英语写作能力；此外，学术素养、信息素养、视觉素养等也会在实践和评价中逐渐养成。

三、促进教师成长

PBLI 使教师从单一角色转向多重角色。“项目”实施的每一环节都对教师提出不同的要求和挑战：实施项目之前，教师需要教学生学会“如何做项目？”项目初期教师需引导学生设定研究目标，制订研究计划；项目实施环节需鼓励督促，出现问题时需及时指导修正，评估环节需提出建设性的意见和建议。从事教学的一线教师，其自身成长与专业发展是外语教学改革的前提和基础，教师不仅仅要具备传统角色所要求的专业知识和技能，还要具备科研能力和指导科研的能力，此外还有组织协调能力，沟通引导能力等。老师不仅仅是知识的传授者，还是项目的组织者，过程的陪伴者，实施的监督者以及成果的评估者。

四、充分运用教材

现行教材的设计大多已经引入 PBLI 模式，如《新视野大学英语》，但由于对教师缺乏培训和方法指导，传统教学理念根深蒂固，应试教育环境又急功近利等因素，导致该模式未能贯彻于教学中。在项目实施过程中，或教师角色缺失，或缺乏评价体系，或丧失研究性特征，抑或抄袭敷衍，乃至退化为可有可无的教学娱乐环节。把项目教学法与公共英语课程教材及课程思政相融合，并通过提供相应的课程设计、项目设计、辅导与评价设计等，从而使教材的核心设计理念得到实现，达到充分利用教材的目的。

五、助力专业学习

找到公共外语教学与专业教学的契合点，即外语教师在不熟悉学生专业课程的条件下，通过发展其项目研究能力，间接助力其专业学习。

此外，在本土化的 PBLI 教学模式下，把普通高等教育的非英语专业学生作为研究对象，将 PBLI 引入公共英语教学，并将思政元素融入其中，在较为有限的文献调查中还少有人尝试。在“互联网＋”时代，在大思政背景下，依托项目的公共外语课程思政教学设计与实践将具有非凡意义。

第二章　研究设计

我国对于 PBLI 研究和应用尚存在局限和空白，如 PBLI 在公共外语教学上的应用与研究、课程思政与 PBLI 教学模式的融合发展、PBLI 的前期指导工作、应用 PBLI 教学模式对教师产生的反拨作用等。根据文献梳理揭示的研究短板，课题展开研究设计。

第一节　研究问题

如何依托 PBLI 教学模式，基于教材的单元主题，设计大学英语课程思政？

融入思政设计的 PBLI 是否能够对大学生“三观”的塑造发挥隐性的积极作用？

教师如何快速引领大学生掌握研究性项目的一般方法？

PBLI 教学模式是否有利于提高大学生综合素质？

如何建立有效、方便的评价体系对项目进行客观、科学的评估？

通过实施 PBLI 教学模式，教师自身的思政教育水平、研究能力，以及其他能力，如组织、协调、沟通、评估等，是否相应也得到了发展？

第二节 研究内容

通过公共英语项目教学设计与实践，研究将致力于实现如下研究目标：构建项目教学框架；结合教材的单元主题、学生实际和思政目的拟制项目；撰写"公共英语项目教学设计"；制作系列微课辅导学生掌握研究型项目实践路径；通过实验和行动研究法不断优化和验证该教学设计；调查与评估师生能力发展变化。

公共英语项目教学设计与实践依托的教材是《新视野大学英语·读写教程1(思政版)》和《新视野大学英语·读写教程2(思政版)》分别对应"大学英语课程A"和"大学英语课程B"。该教材充分体现了英语课程的人文性特点，选择富有时代气息、思想深意和文化内涵的教学内容，关注学生的人格培养，致力于实现语言能力和综合素质的同步提升。教材均为8个单元，教学周为16周，平均每个单元需2周(4课时)完成。教材单元主题见表2-1：

表2-1 教材单元主题

《新视野大学英语·读写教程1》	《新视野大学英语·读写教程2》
Unit 1 Fresh Start	Unit 1 Language in mission
Unit 2 Loving parents, loving children	Unit 2 College—The ladder to success?
Unit 3 Digital campus	Unit 3 Discovery of a new life stage
Unit 4 Heroes of our time	Unit 4 Dance with love
Unit 5 Winning is not everything	Unit 5 The money game
Unit 6 Earn as you learn	Unit 6 Less is more
Unit 7 Hoping for the better	Unit 7 Women: Making a difference
Unit 8 Friendship across gender and border	Unit 8 Human right vs. animal right

结合教材的单元主题、学生实际和思政目的，实验教师拟制了如下16个项目主题。

表 2-2 项目主题

《新视野大学英语·读写教程 1》	《新视野大学英语·读写教程 2》
Unit1 A Meaningful College Life	Unit 1 Reflections on Doing a Project in English Class
Unit 2 Conflicts between Parents and Children	Unit 2 Challenges in College Education-Major Choice
Unit 3 Effects of the Internet on College Students	Unit 3 Pains during the Odyssey Years
Unit 4 Civilian Heroes	Unit 4 Campus Romance in College
Unit 5 Sports on College Campus	Unit 5 College Students' Spending and Saving Habits
Unit 6 University Students' Taking Part-time Jobs	Unit 6 College Students' Life Style
Unit 7 Bad Behaviors on Campus	Unit 7 People's Prejudices against Women in Daily Life
Unit 8 Cross-gender Friendship	Unit 8 How to Treat Animals

第三节 研究对象与研究队伍

1.课题选择新疆一所 211 和双一流建设大学作为实验点，“大学英语课 A”和“大学英语 B”作为实验课程；选择课题组的三位教师为实验教师：胡 ** ，周 * ，杜 * ，2021 级大一 19 个英语班作为实验班级：共计 850 名学生，涉及 15 个专业，文理科人数、班级数、专业覆盖数量基本保持平衡：理科：456 人，10 个班，8 个专业；文科：394 人，9 个班，7 个专业。如下为实验班级具体信息。

表 2-3　实验班级

	理工科类英语班	文科类英语班
英语班级	纺服英语 21—1(40 人) 纺服英语 21—2(45 人) 机械英语 21—5(43 人) 电气英语 21—6(50 人) 化工英语 21—5(51 人) 信息英语 21—7(45 人) 数学英语 21—2(55 人) 物理英语 21—1(43 人) 物理英语 21—3(42 人) 建工英语 21—5(42 人)	经管英语 21—2(47 人) 经管英语 21—6(39 人) 政管英语 21—1(44 人) 政管英语 21—2(44 人) 文学英语 21—1(53 人) 法学英语 21—2(45 人) 历史英语 21—2(47 人) 新闻英语 21—1(51 人) 外语英语 21—2(24 人)
总计	10 个班;8 个专业;456 人	9 个班;7 个专业;394 人
	850 人;19 个班;15 个专业	

注:(1)因教学安排临时发生变动,建工英语 21—5 和外语英语 21—2 班未完成二期实验,于 2022 年 4 月初退出实验,因此最终完成实验的是 17 个班;(2)因学生调整专业,实验班级人数在一期实验结束后发生过略微变动,表中标记的班级人数以调整后为依据,即二期实验阶段的班级人数。

2.研究队伍由六名教师,两名研究生和一名本科生组成。六名教师全部是大学英语一线教师,年龄在 40—50 岁之间,教学经验丰富,教研经验丰富,部分教师科研经验丰富,职称主要是副教授和讲师,学历均为硕士。两名在读研究生的专业方向均为外语应用语言学(教学方向),一名实验班学生,该生研究兴趣浓厚,乐意提供学生视角的感受。

表 2-4　研究队伍

研究队伍	职称	学历	年龄/岁	大学英语教学时长/年	主持课题数量;最高级别
胡 **	副教授	硕士	48	21	5;国家级
周 *	副教授	硕士	44	22	2;厅局级
王 **	副教授	硕士	50	27	4;省部级

续表

研究队伍	职称	学历	年龄/岁	大学英语教学时长/年	主持课题数量;最高级别
杜 *	讲师	硕士	42	21	1;厅局级
郭 *	讲师	硕士	44	25	0
陈 *	讲师	硕士	42	21	0
余 *		在读研究生	23		0
姚 *		在读研究生	23		0
陈 **		在读本科生	19		0

第四节　研究方法与研究步骤

一、研究方法

(1)实验法:通过实验探索这一路径的可行性和效果。

(2)行动研究法:利用行动研究法对实验设计进行反复验证和优化。

(3)调查问卷法:运用问卷法获得量化数据,用以评估路径的效度。

(4)深度访谈法:运用访谈法获取质性数据,用以评估路径的效度。

(5)观察法:观察记录实验班师生的体验、问题、能力、态度、思想认识等,为优化方案提供依据。

二、研究步骤

第一步:前期准备(2021 年 2 月—9 月)。

(1)确立研究目标,构建研究框架。梳理有关课程思政和项目教学法的文献(包括起源、发展与应用),基于前人理论研究成果与实践经验,构建本课题研究问题、研究目标和项目教学框架。

(2)确定具体的研究方法：实验法、行动研究法、调查问卷法和深度访谈法、观察法。

(3)明确实验阶段：一期实验阶段(16 周：2021 年 9 月—2022 年 1 月)和二期实验阶段(16 周：2022 年 2 月—2022 年 6 月)，二期实验为正式试验。

(4)确定研究对象：实验点、实验课程、实验教师、实验班级。

(5)制定行动方案。

(6)初步拟制项目选题：结合教材《新视野大学英语 1》《新视野大学英语 2》的单元主题、学生实际和思政目的拟制 16 个项目。

(7)初步制作项目指导内容。

(8)初步制作问卷和观察表。

(9)初步制作项目评价标准。

(10)在当前教学班级展开前期试验。

第二步：一期实验(16 周：2021 年 9 月—2022 年 1 月)。

(1)介绍项目。向学生介绍"调查研究项目"的基本步骤和环节，以前期试验的优秀学生作品为示范案例。一期实验项目培育重点是让学生学会拟制研究问题，掌握调查研究的方法，并能够描述研究发现，并基于研究发现结合环境、时代、社会、国家背景展开讨论与解读，并按照"介绍—研究设计—研究方法—研究发现—分析讨论—结论"这个逻辑结构制作 PPT。

(2)分组和布置项目选题。因新冠肺炎疫情，大一新生线上开学，学生之间缺乏了解，因此由老师根据男女比例和民族比例进行分组，小组建群，小组通过线上交流自行选出组长。为管理方便，老师依次给 1—8 组布置 1—8 单元选题(注：大部分班级是 7 组 7 个选题，因为节假日等因素使大多班级无法保证 16 周教学时间)，明确小组项目汇报时间和方式。

(3)项目实践。开展项目研究：根据研究目的拟制明确的研究目标或研究问题→确定研究方法(问卷调查法，深度采访法等)→展开调查→收集数据→分析数据→讨论→总结，最后制作 PPT 汇报调查研究结果。组长组织组员实施项目，教师提醒、督促并随时根据学生需求提供指导。研究任务完成后，老师审核学生的 PPT，并提供修改意见。在一期实验阶段，教师重点审核 PPT 的结构、逻辑，以及讨论环节是否基于研究发现、是否能够联系社会、时代等背景元素进行客观的现象解读，并提出正确的、积极的、有价值的建议或解决办法。

(4)汇报展示。要求学生制作英文PPT,用英文在课堂上现场汇报展示,发生疫情则以屏幕共享的方式在线上汇报。汇报可采用多人或单人汇报。每单元的项目汇报时间为该单元教学的第二次课(第四课时)。

(5)项目点评。汇报结束后,学生和教师依据项目评价标准轮流口头点评。项目的最终分数取自学生和老师打分的平均值,即学生评分占50%,老师评分占50%。为快速了解学生评分意向,学生在雨课堂以投票的方式点选分数段(60—69;70—79;80—89;90—100),老师以主流分数段选择作为学生的打分,具体分值接近次主流分数段。例如,选择80—89分数段的同学显著最多,则选择中位数85为得分;如选择80—89分数段的同学略多于选择70—79分数的学生,则选择80—85段的分数;如选择80—89分数段的同学略多于选择90—100分数的学生,则选择85—89段的分数。课后,老师会在班级群发布最终成绩(附老师依据评价标准逐项打分的明细),书面文字点评,并提出修改意见。

(6)评比展示。学生修改项目,提交终稿。老师选出最佳作品发到各个班级,一方面供大家学习借鉴,另一方面对表现优秀的班级和小组可以起到鼓励作用,得到同学和老师的认可是学生重要的满足来源。

(7)总结反思。教师对行动过程中自身的感受、学生的表现,以及在设计、运行、合作、指导、评价过程中出现的各类问题进行记录、反思、总结,继而优化方案和设计,为展开二轮实验做准备。

第三步:二期实验准备。

依据一期实验暴露的问题,如项目的可行性、贴合性,项目辅导的重点、难点,观察记录手段和评价手段的方便性等问题,进行一系列优化、修改、补充,为二期正式试验的开展做好准备。

(1)依据一期实践经验,优化前期准备阶段拟制的项目,提高可操作性、与生活实际的贴合性和现实问题的针对性,消除过于泛化的、易于引起误导的项目拟题。

(2)依据学生实践中的突出问题,制作系列课件或微课,学生可以随时打开看,同时方便指导教师的辅导并提高辅导的一致性和准确性。

(3)修改和补充项目评价标准与内容模块,在PPT的基础上增加了如下内容模块:研究报告、项目实践态度、思想认识。

(4)编制评估观察表和日志对项目实施过程进行评价、观察和记录:

《项目实施过程评估观察表(学生)》

《项目实施过程评估观察表(教师)》

《项目实施过程评估观察表(评审老师)》

《项目工作日志(学生)》

《项目工作日志(教师)》

(5)编制效果调查问卷和采访问题,用以检测课程设计的效果:

《项目研究能力及其他综合能力问卷调查表》

《项目式教学效果采访问题》

第四步:二期实验(16周:2022年2月—2022年6月)。

(1)进一步介绍项目。首先,向学生示范如何到学校数字图书馆的数据库查找文献,为自己的调查研究项目探索研究方法、探索用于解读现象的支撑性理论、探索可用来支撑本研究的前人研究成果。其次,示范引用文献的标注方法及格式,以及在研究报告最后附上参考文献的一般要求和格式。最后,提出新的要求,研究报告不仅要提交用于汇报展示的PPT课件,还要撰写研究报告,明确二者在表达上的差异,并提供范例。

(2)优化分组和布置项目选题。布置项目选题小组组长是否适合带领组员高效、有序、团结的展开项目实践,团队成员间是否能够顺利沟通、团结协作,是成功的项目实践的重要保障。经过一次合作,大家已经彼此了解,因此,小组根据合作经验和商议,可自行微调组内成员角色,如换组长、根据个人意愿调配成员、调整项目中的工作任务等。

(3)项目研究。项目小组在老师制作的系列课件及微课的明确清晰的指导下开展项目研究:根据研究目的拟制明确的研究目标或研究问题→文献回顾(增项)→确定研究方法和研究理论→展开调查→收集数据→分析数据→讨论→总结→参考文献(增项),最后制作PPT和撰写研究报告(增项)。组长优化实践方案,组织组员二次展开项目实践,教师继续发挥提醒、督促和指导作用。二期实验增加了项目工作环节和要求,要求项目小组在确定研究内容和研究目标后回顾相关领域的文献,在“讨论”环节积极运用前人的研究发现、研究数据或研究理论支撑自己的观点与结论,正确标注引用并附上“参考文献”。同时,除制作PPT外,要求项目小组在汇报展示完毕后撰写研究报告。在二期实验阶段,教师重点审核研究和认识是否有深度、厚度,是否能够引领同学们价值观的塑造,重点审核学生PPT及研究报告的文献环节:是否查阅文献,是否利用文献,是否以正确方式、正确格式标注引用的文献来源和罗列参考文献。

(4)汇报展示。该环节与一期实验相同。二期实验阶段,同学们的PPT 质量、技术含量、汇报展示技巧大幅上升。

(5)项目点评。与一期实验相比,课堂现场点评环节基本相同,即在课堂展示后学生投票打分,教师口头点评。课后点评环节有增项,增加了"研究报告""项目实践态度"和"思想认识"。课后,教师在拟制好的《项目实施过程评估观察表(学生)》中根据 PPT 汇报评价标准、研究报告撰写评价标准、项目实践态度评价标准和思想认识评价标准分别逐项赋分,表扬研究亮点,针对不足提出修改意见,并将书面点评和赋分明细在班级群公示。通过《项目实施过程评估观察表(学生)》的记录,可以横向对比每个项目各个班级的表现,成为教师评选最佳作品的客观依据,也可以通过纵向对比,看到每个班级的历时发展变化。

(6)评比展示。学生修改项目后提交终稿。三位实验教师分别推荐一部优秀作品,由课题组其他成员进行二次评比,选出最佳作品,最佳作品将参加学期末的决赛。

(7)总结反思。利用问卷星平台编制《项目工作日志(学生)》《项目工作日志(教师)》收集记录师生在项目开展过程中的感受、现象和问题,包括项目研究、团队合作、学习和辅导、评比展示、思想认识等方面。对师生反馈的内容进行分析和反思,继而可进一步优化方案和设计,为推广本课题的研究成果做准备。

第五步:实验效果测定。

为了解两期实验的效果,课题组对实验教师和实验班展开实验效果调查,采取定量定性相结合的调查手段,具体如下:

(1)定量测试:①采用自拟的调查问卷《项目研究能力及其他综合能力问卷调查表》;②采用校方利用麦能网实施的评价调查问卷数据《教学质量评价报告》。

(2)定性测试:定性测试采用多维度数据:深度访谈、观察记录。通过主观、客观描述,直接、间接描述全面准确评价实验效果。

深度访谈:①通过访谈了解实验班学生的思政教育效果、项目研究等综合能力的发展,并实施定性分析;②通过访谈了解实验老师在实验过程中的经历、经验、感受和认识,及其教研、科研能力的发展与提高,并实施定性分析。

观察记录:根据《项目工作日志(学生)》《项目实施过程评估观察表

(学生)》观察学生在思想认识和能力上的发展变化。

第六步:整理学生作品和撰写研究报告。

首先,是整理一系列实验数据,撰写研究报告;其次,整理学生作品中有价值的研究发现和调查数据,作为融入课程,丰富单元主题内容,吸引和贴近学生心理的教学资源;最后,整理和选择优秀作品作为未来项目式教学的示范性案例。

第三章　项目教学框架

项目教学法，就是通过由学生组成的小组自己确定任务，自主计划并且完成，最终得到正确结果的一种教学方法。“项目教学法”最显著的特点是“以项目为主线、教师为引导、学生为主体”。笔者将从如下几个方面描述本课题的项目教学框架：项目教学宏观设计思路、项目与项目计划、项目教学步骤、项目教学辅导系统、项目教学评价系统、项目教学的管理与合作、项目激励机制。

第一节　项目教学宏观设计思路

项目是由课题组教师结合教材的单元主题、学生实际和思政目的拟制的，属于研究类项目，需要使用问卷调查、采访等研究方法，使用归纳、总结、推理、综合等分析方法，使用联系环境、时代、社会等立体层面溯因的讨论方法，按照“现象→问题→调查→分析→讨论→解决问题”这个逻辑展开研究实践。通过研究实践、汇报展示、评价和反思，在如下几个方面使学生得到发展和提高。

(1)思想认识：通过对项目调查、研究、思考、分析、讨论，通过归纳、总结、推理、演绎、综合，通过联系环境、时代、社会、国家、世界等对现象进行客观理性解读，致力于现象中存在问题的解决，从而深化学生对话题的认识深度，增强其社会责任感和担当意识，达到塑造三观的作用。

(2)语言：项目实践可以帮助学生打下扎实的语言基本功，锻炼读、写、说的技能和培养语言综合运用能力。这是在真实语境下的语言应用，英语成为信息输出的工具，表达思想观点的工具。

(3)内容:使学生拓展对本单元话题的认知、通过信息查询、文献阅读了解跨学科知识和丰富相关百科知识。

(4)能力:培养学生有效的学习策略、研究能力、自主学习能力、合作交流能力、批判性思维能力、问题解决能力、信息搜索能力、各类软件和平台使用等非语言能力。

(5)情感:培养家国情怀,培养学生内在的学习动机、积极的学习态度和较强的自我效能感。

(6)素养:通过教师的指导和规范,通过学习、研究、汇报、展示和比赛、通过评价和被评价,培养学生的学术素养、信息素养、视觉素养。

第二节　项目与项目计划

项目计划实施,有开始时间和结束时间,结束后有产品或成果的工作。本课题的项目具有同样特征,项目由老师结合教材《新视野大学英语读写教程 1》《新视野大学英语读写教程 2》的单元主题、学生学习生活实际和思政目的提前拟制好,开学初给学生布置好任务(开始时间同步),每个小组项目结束的时间与教学进度同步,结束后的产品就是研究报告,研究报告需要在课堂上汇报展示。每学期 16 个教学周,每周 2 个学时,每本教材 8 个单元,即每单元需要 2 周 4 课时完成,各单元项目需要在该单元第二周的第四个学时完成汇报与展示。如下是一期实验 2021.9—2022.1 的项目和项目计划。

表 3-1　一期实验项目计划《新视野大学英语·读写教程 1》

教学周	教学内容	项目	项目计划
1	开学第一课	介绍项目	布置项目
2—3	Unit 1 Fresh Start	1. A Meaningful College Life	第 3 周汇报
4—5	Unit 2 Loving parents,loving children	2. Conflicts between Parents and Children	第 5 周汇报
6—7	Unit 3 Digital campus	3. Effects of the Internet on College Students	第 7 周汇报

续表

教学周	教学内容	项目	项目计划
8—9	Unit 4 Heroes of our time	4. Civilian Heroes	第 9 周汇报
10—11	Unit 5 Winning is not everything	5. Olympic Games	第 11 周汇报
12—13	Unit 6 Earn as you learn	6. University Students' Taking Part-time Jobs	第 13 周汇报
14—15	Unit 7 Hoping for the better	7. Bad Behaviors on Campus	第 15 周汇报
16	Unit 8 Friendship across gender and border	8. Cross-gender Friendship	第 16 周

注：因第一周教学内容的特殊性，以及之后节假日因素，通常最后第八单元教学内容以及项目基本无法完成，因此项目小组通常有 7 组，完成的项目通常为第 1 单元至第 7 单元。

如下是二期实验 2022 年 2 月—6 月的项目和项目计划。

表 3-2　二期实验项目计划《新视野大学英语 · 读写教程 2》

教学周	教学内容	项目	项目计划
1	开学第一课	进一步介绍项目	布置项目
2—3	Unit 1 Language in mission	1. Reflections on Doing a Project in English Class	第 3 周汇报
4—5	Unit 2 College-The ladder to success?	2. Challenges in College Education-Major Choice	第 5 周汇报
6—7	Unit 3 Discovery of a new life stage	3. Pains during the Odyssey Years	第 7 周汇报
8—9	Unit 4 Dance with love	4. Campus Romance in College	第 9 周汇报
10—11	Unit 5 The money game	5. College Students' Spending and Saving Habits	第 11 周汇报
12—13	Unit 6 Less is more	6. College Students' Life Style	第 13 周汇报

续表

教学周	教学内容	项目	项目计划
14—15	Unit 7 Women:Making a difference	7. People's Prejudices against Women in Daily Life	第 15 周汇报
16	Unit 8 Human right vs.animal right	8. How to Treat Animals?	第 16 周汇报

注:因第一周教学内容的特殊性,以及之后节假日因素,通常最后第八单元教学内容以及项目基本无法完成,因此项目小组通常有 7 组,完成的项目通常为第 1 单元至第 7 单元。

第三节　项目教学步骤

项目教学按照如下八个教学阶段进行。

(1)介绍项目和分组:介绍“项目式教学”理念和“如何做项目”,之后学生进行分组并选拔组长。

(2)设计项目:由课题组教师根据教材的单元主题,学生生活学习实际和课程思政目的共同设计项目,然后给学生项目小组布置任务。学生项目小组根据自己的理解和看法对项目进行“再设计”,并拟制具体的研究目标或研究问题。

(3)制订计划:小组项目负责人根据研究目标,通过协商制订项目工作计划、工作步骤,并最终得到教师的认可。

(4)实施计划:小组项目负责人通过协商确定小组成员的合作形式,明确组员在项目实践中的分工,然后按照已确立的工作计划和步骤开展项目实践。一般工作步骤是:确立研究目标→阅读文献→确定研究方法→展开调查(问卷/采访)→回收和分析数据→总结研究发现→讨论并得出结论→用英文制作 PPT→撰写研究报告。

(5)检查修改:汇报展示前由教师对 PPT 和研究报告进行检查和审核,并提出修改意见。然后学生修改,老师再审核直至合格。

(6)展示与评价:负责汇报的小组成员在教室或在线上演示 PPT 用

英文介绍研究成果。汇报结束后,由学生(非小组成员)和教师依据评价标准分别点评,课后,教师以书面形式在班级群公示终评。

(7)反思与借鉴:项目小组根据终评对PPT和研究报告进行最后修改,然后提交作品。教师将本论次最佳作品发到各班班级群,给予鼓励表扬,同时达到互相借鉴学习的目的。最佳作品将和其他实验教师推出的最佳作品进行二次评比,胜出作品参加学期末终极决赛。

(8)项目教学后期:每阶段(即每学期)项目教学完成后,教师对学生的项目成果(PPT,研究报告)进行修订和汇编,根据学生学习表现、意见和问题反馈、项目成果折射的共性类问题,反思项目教学的短板,继而进一步完善课程、课堂和研究项目的设计,为下一阶段教学做好准备。

第四节　项目教学辅导系统

实施项目式教学,首先要教学生掌握"如何做项目",本课题项目教学辅导通过如下方法实现。

一、集中辅导(一期实验和二期实验的第一个教学周)

(1)一期实验:介绍项目。向学生介绍"调查研究项目"的基本步骤和环节,以前期试验的优秀学生作品为示范案例。一期实验项目培育重点是让学生学会拟制研究问题,掌握调查研究的方法,并能够描述研究发现,并基于研究发现结合环境、时代、社会、国家背景展开讨论与解读,并按照"介绍—研究设计—研究方法—研究发现—分析讨论—结论"这个逻辑结构制作PPT。

(2)二期实验:进一步介绍项目。首先,向学生示范如何到学校数字图书馆的数据库查找相关文献,通过文献回顾探索项目的研究方法、理论和可用来支撑本研究的前人研究成果。其次,示范引用文献的标注方法及格式,以及在研究报告最后附上参考文献的一般要求和格式。最后,提出新的要求,研究报告不仅要提交用于汇报展示的PPT课件,还要撰写研究报告,明确二者在表达上的差异,并提供范例。

二、微课和课件辅导(目前存放在学生QQ群,学生可随时学习)

在课题前期试验中发现教师指导时间不足,能力不均衡。大学英语教学有其必须完成的教学任务,项目式教学是方法不是内容,但要践行这个教学方法,就需要指导学生怎么做。此外,每位教师对项目和项目式教学的了解和掌握是不均衡的,指导学生做项目的能力也是不均衡的,要保证学生受到的指导是系统的和专业的就需要准备好一套统一的、系统的,好用的、高质量的课程。

指导时间和浓缩高质量的指导课程的需求需要教师建立共同的、统一的线上教学资源,开辟学生的自主学习空间。鉴于现在碎片化的学习风格和业余学习状态,建立以解决问题为导向的短小精悍的微课系列是有效手段。微课系列应该是开放式的,根据不断出现和发现的问题,不断的探索和深入,一步步丰富微课,使之成为一个有机的系统,最终升级成为慕课。因教学任务多,教学学时有限,教师无法展开各项内容进行集中辅导,因此,课题组根据学生在实践过程中出现的突出问题,经过研究、查证、确认,精心制作了教学课件和微课,科学指导学生的项目实践,将其存放至学生群供学生自主学习使用,学生可随时查看。课件将陆续全部制作成微课,方便学生的学习。如下是目前已有的课件系列和已经制作完成的微课。

表3-3　教学资源建设

教学形式	教学内容
课件:	1. A General Introduction to a Project 2. How to Write a Research Report 3. How to Write an Introduction 4. How to Write a Research Design 5. How to Describe Research Findings 6. How to Write“Discussion” 7. How to Write“Conclusion” 8. On Reference 9. How to Design a Questionnaire

续表

教学形式	教学内容
微课：	1. How to Write a Research Report 2. How to Design a Questionnaire 3. How to Identify a Fallacy

注：教学资源建设趋于完整后，将在线上建立慕课，为本科生初涉科研领域提供系统辅导。

三、样例和范本辅导

举例子说明问题是最简单有效的方法，在实施项目教学法以来，老师手里存有大量学生提交的作品，有十分优秀的作品，也有存在较多问题的作品，有些作品是局部环节很出色，有的作品逻辑衔接优秀，有的作品抽象概括能力突出，有些作品站位高、格局大，能够很好地联系时代、联系社会来阐释与解读现象，有些作品找到了很好的理论支撑讨论与分析，有的作品拍摄了贴切、深入的采访视频，有的作品 PPT 制作精良，有的作品语言自然流畅、表达简单深刻，这些作品都可以成为用于教学辅导的样例。或完整的优秀作品样例，或局部环节样例，或问题样例，辅之以文字点评，这样就能起到出色的辅导作用。但样例式和范本式辅导也存在弊端，会导致学生机械模仿，限制他们的创造性，或者由于缺乏准确点评，学生把好的、坏的一并模仿下来。因此，使用样例或范本辅导时老师的准确点评很重要，同时要注意褒奖与众不同的方法、观点、设计等，以防样例成为标准。

样例和范本辅导的方式有：①班级群展示（有局部样例和完整样例）；②课堂上展示（针对学生实践中存在的较为集中的问题，在点评时提供局部样例辅助讲解）。提供的样例形式有 PPT、研究报告，还有录制的学生展示视频。

四、根据学生需求随机辅导

学生在项目实践过程中还会遇见各种具体的困惑、困难、问题等，老师根据学生需求随时通过线上各种交流手段，或线下面对面方式给予及时的引导、辅导和指导。

五、点评辅导

老师审核作品时提出的修改意见，以及在汇报展示后，其他同学和老师的现场点评，还有课后班级群公示的附有明细得分的终评，对项目小组而言都是辅导。小组可根据反馈进一步修改作品，并为下次项目实践累积经验和建立常识。

第五节　项目教学评价系统

本课题针对“学生的项目实践”和“教师的项目教学实践”分别建立了评估体系。评价内容分为执行任务的过程、任务完成的结果和结果中体现的思想价值，相应有形成性评价（态度）、结果性评价（能力）和思想认识评价（认识）。形成性评价就是项目执行过程中学生和教师的态度表现，如规定任务是否按时完成、是否保持沟通、是否及时反馈等都是评价的内容。结果性评价的对象就是体现学生能力的最终项目成果，即 PPT 和研究报告，对老师而言结果性评价就是优秀项目评选结果。“思想认识”从项目成果中提取出来被作为评价系统中一个独立的评价内容，专门针对学生，“思想认识”指项目作品中传达的正确认识的深度和厚度，对观众产生的价值引领力，以及项目小组通过《学生实施项目日志》反映出的对研究话题自我认识的反馈。形成性评价、结果性评价、思想认识评价都通过分值体现出来，总分值 100 分，评价模块的分值比例根据难度和重要性拟制，具有一定的主观性。如下是本课题在评价系统中使用的“打分标准”，表中附有所有分值对应的等级分数段：

表 3-4　打分标准

分值	优秀/分	良好/分	合格/分	不合格/分
5	4.5—5	4—4.4	3—3.9	0—2.9
10	9—10	8—8.9	6—7.9	0—5.9
15	13.5—15	12—13.4	9—11.9	0—8.9
20	18—20	16—17.9	12—15.9	0—11.9
100	90—100	80—89	60—79	0—59

注：如上提供的是各个评价模块的“优秀、良好、合格、不合格”的分值段。

一、学生项目实践评价

（一）结果性评价

一期实验阶段：学生项目实践结果性评价的内容模块只有 PPT。PPT 的最终分数取自学生和老师打分的平均值，即生评占 50%，师评占 50%。学生在雨课堂以投票的方式点选分数段（60—69；70—79；80—89；90—100），主流分数段的选择作为学生评分，具体分值接近次主流分数段。老师依据评价标准逐项打分，累加得出老师评分。最终分数取生评和师评的平均值。

二期实验与一期相比，针对 PPT 的结果性评价手段是一样的。评价的内容模块有增项，增加了“研究报告”，“研究报告”由老师独立评价，学生不参与。教师在拟制好的《项目实施过程评估观察表（学生）》中根据 PPT 评价标准、研究报告撰写评价标准分别逐项赋分，另附文字点评，表扬研究亮点，针对不足提出修改意见。通过《项目实施过程评估观察表（学生）》excel 表格的记录，可以横向对比每个项目各个班级的表现，并成为教师推荐最佳作品的客观依据，也可以通过纵向对比，看到每个班级的历时发展变化。如下是从《项目实施过程评估观察表（学生）》excel 表格中拆分出来的表格，按照内容模块展示如下。

表 3-5 内容模块(能力):PPT

评价模块(分值)	评价标准
介绍(10 分)	研究内容、背景介绍体现研究意义,研究目标清晰明确。
逻辑(10 分)	主要的研究发现与讨论结果是否实现了研究目标。
研究发现(20 分)	研究发现具有针对性,描述简洁清晰,数据整合能力强。
讨论(20 分)	条理清楚,能结合现实背景解释和探讨研究发现(有高度),有理论支撑(有深度),有独特见解。
PPT 设计(10 分)	精美、简洁、逻辑清晰、主次分明,视觉效果舒适。
PPT 文案(10 分)	文字表达简洁、清晰、流畅;语法正确,用词准确。
展示性汇报(15 分)	台风得体大方,口语流畅,声音洪亮,语速适中,熟练,时间把握合适。
学术规范(5 分)	引用是否标注,参考文献格式是否规范。
合计(100 分)	
学生打分	学生在雨课堂以投票的方式点选分数段打分(60—69;70—79;80—89;90—100)
最终得分	最终得分=教师打分 * 50%+学生打分 * 50%

表 3-6 内容模块(能力):研究报告

评价模块(分值)	评价标准
1. 版面效果(10 分)	排版规范(字体、行距、段落);结构清晰;视觉效果好。
2. 导入与研究目标(10 分)	研究内容、背景介绍体现研究意义,研究目标清晰明确。
3. 宏观逻辑(10 分)	主要的研究发现与讨论结果是否实现了研究目标。
4. 研究发现(20 分)	研究发现具有针对性,描述简洁清晰,数据整合能力强。
5. 分析讨论(20 分)	条理清楚,能结合现实背景解释和探讨研究发现(有高度),有理论支撑(有深度),有独特见解(新颖)。
6. 语言表达(20 分)	语篇衔接连贯好,文字表达简洁、清晰、流畅;语法正确,用词准确。
7. 学术规范(10 分)	引用有标注,引注格式正确,参考文献格式规范。
合计	

PPT 和研究报告都是用来汇报项目研究的，实质内容一样，但表现方式截然不同，因此评价模块有所不同，标准也有差异。如 PPT 汇报专门设有“PPT 设计、PPT 文案、展示性汇报”；研究报告专门设有“版面效果、语言表达”，PPT 文案和研究报告的语言要求也有所不同，研究报告强调语篇的衔接连贯性。PPT 是重点评价内容模块，因为项目小组使用 PPT 汇报项目，它有音、像、图、文，更具有展示性，更有感染力，更能体现团队合作、更能展现多样化的能力。优秀项目的评比也是以 PPT 汇报为主要参照。

（二）形成性评价

①“项目实践态度”通过分值体现，评价的是态度，评价标准就是客观事实，但“按要求认真完成”和“主动交流，认真修改”这两个评价模块需要老师根据经验和对比做出主观评价。“项目实践态度”的评价具有两个重要意义：其一是规范项目小组的行为习惯，方便教师的管理；其二是提供数据性记录，可用以分析“态度”和“结果”的关系。

表 3-7　内容模块(态度)：项目实践态度

评价模块(分值)	评价标准
1. 按时提交 PPT(20 分)	根据实际情况
2. 按时提交研究报告(20 分)	根据实际情况
3. 认真记录并按时提交日志(20 分)	根据实际情况
4. 按要求认真完成(20 分)	根据实际情况
5. 主动交流，认真修改(20 分)	根据实际情况
合计	

②《学生实施项目日志》是形成性评价的另一个重要来源，《日志》以项目小组为单位进行记录，老师通过问卷星平台收集记录。《日志》未用分值进行评价，但它是学生项目实践的重要反馈，是行动过程中发现问题，反思项目教学，优化和改进设计的重要依据。《日志》记录的内容模块有：“与老师的沟通记录”“与小组成员的沟通记录”“困惑”“难点”“小组合作”“评价认同”“思想认识”“课程思政效果评估(用五级量表自我评

估认识进步的程度)”“能力发展”,为方便和辅助学生记录,问卷为大部分内容模块设计了选项,并提供了主观描述的空间。具体设计见表3-8。

表3-8 《学生实施项目日志》

<table>
<tr><td>与老师的沟通记录</td><td colspan="2">1. 次数:A. 0次 B. 1次 C. 2次 D. 3次 E. 3次以上
2. 方式:A. 面对面 B. 电话 C. 微信/QQ D. 腾讯会议
3. 内容:__________</td></tr>
<tr><td>与小组成员的沟通记录</td><td colspan="2">1. 次数:A. 0次 B. 1次 C. 2次 D. 3次 E. 3次以上
2. 方式:A. 面对面 B. 电话 C. 微信/QQ B. 腾讯会员
3. 内容:__________</td></tr>
<tr><td>困惑</td><td colspan="2">1. 项目实践过程中的困惑有______(多选),具体情况在画线处描述。
A. 对题目的理解:______ B. 研究目标的设定:______
C. 如何根据研究目标拟制问卷:______
D. 如何分析讨论:______ E. 如何把握宏观逻辑:______</td></tr>
<tr><td>难点</td><td colspan="2">1. 项目实施过程中的难点______(多选),具体情况在画线处描述。
A. 项目设计:______ B. 拟制有效问卷:______
C. 采访:______ D. PPT设计与制作:______
E. 成员合作:______ F. 视频剪辑与合成:______
G. 英语表达:______ H. 宏观逻辑的把握______
I. 结合时代、社会、国家、历史等对数据进行深______</td></tr>
<tr><td>小组合作</td><td>1. 小组合作情况:______
A. 合作愉快,有凝聚力
B. 合作有困难,但完成了任务
C. 合作无法顺利进行,由少数同学承担了所有工作</td><td>(如合作愉快则无须回答此问题)
2. 合作不顺利的主要原因是
______
A. 组长的组织能力有限
B. 个别组员不配合
C. 其他:______</td></tr>
</table>

续表

评价认同	1. 对学生与老师打分及点评：____________________ A. 认同　B. 基本认同　C. 不认同：________________
思想认识	通过研究实践对研究话题产生的进一步认识：
课程思政效果评估	如果用五级量表“1(弱),2(较弱),3(一般),4(较强),5(强)”体现大家对本单元话题的认识变化,那么我在如下三个阶段的选择是： ________上课文前：1,2,3,4,5 ________上课文后：1,2,3,4,5 ________完成项目后：1,2,3,4,5
能力发展	1. 通过做项目,哪些能力得到了发展与锻炼：__________（多选） 2. 通过做项目,意识到哪些能力的欠缺：____________（多选） A. 完成一个小型项目的能力 B. 设计和制作 PPT 的能力 C. 查找和获取信息及文献的能力 D. 使用网络调查工具展开问卷调查的能力 E. 描述和分析数据的能力 F. 结合所处的环境、社会及时代背景挖掘现象背后原因,即深度解释数据的能力 G. 逻辑能力 H. 运用一定的研究方法开展课题研究的能力 I. 英语语言运用的能力 J. 交流能力(包括：和陌生人交流;和老师交流;组长组织和管理中与成员的交流;成员之间合作的交流) K. 组织合作能力：组长组织及组员合作的能力 L. 使用视频软件制作视频和剪辑视频的能力 M. 其他能力,如：________________________

(三)思想认识评价

项目研究成果所承载的思想价值给探索者带来的精神成长,给聆听者带来了价值引领是本课题课程思政设计的关键目标。思想价值是抽象的,如何客观评价是个难点,本课题尝试通过如下评价模块将其量化、分值化：①“结论正确”：依据 PPT 评价项目研究的结论是否符合社会主义社会的主流价值观；②“分析与讨论理性客观”：依据PPT判断项目的讨论与分析是否是基于客观数据进行的理性思考；③“高度”：依据PPT判断项目研究解读数据的占位够不够高，是否能上升到时代、社会、国家等立体层面去分析和讨论问题；④“深度”：依据PPT判断研究是否有理论支撑，是否有深度阐释，是否能应用已有的研究作为本研究的支撑；⑤“主观认识”：依据《学生实施项目日志》“思想认识”模块的文字描述判断项目小组通过研究实践对研究话题是否产生了进一步的认识；⑥“班级影响力”：依据课堂展示后，学生对话题理解的增进程度和受益程度评价。总的来说，该内容模块评价的设计思路就是：判断项目研究的正确性、理性、客观性，评价其解读问题的高度和深度，观察其带来的自我成长和班级成长。

表3-9　内容模块(认识)：思想认识

评价模块(分值)	评价标准
1. 结论正确(20分)	符合社会主义社会的主流价值观。
2. 分析与讨论理性客观(20分)	讨论有理有据，无情绪化主观臆断。
3. 高度(15分)	能上升到时代、社会、国家等立体层面探讨问题与现象，没有这一环节，最高9分
4. 深度(15分)	有理论支撑/和其他研究结果做对比，阐释异同/用他人研究结果做证据支撑自己的讨论或发现。没有这一环节，最高9分
5. 主观认识(15分)	根据《学生实施项目日志》(思想认识)
6. 班级影响力(15分)	根据项目展示后学生有关思想认识是否得以增进的主流投票：一般9分，偏强：12分，强15分
合计	

二、教师项目教学实践评价

学生渴望努力得到评价和认可，老师也一样，这种心理不会因为年龄和角色而发生质的变化。针对教师项目教学实践的评价也包括结果性评价和形成性评价。结果性评价采用分数累积办法，形成性评价依据“教师日志记录”和“教师项目点评”两项得分的平均值。

(一)结果性评价：优秀项目评选结果

结果性评价依据评审教师选出的最佳作品数量和决赛名次及数量累加分数得出：实验教师每有一部“最佳作品”获得10分；决赛获奖依据等级累加分数：特等奖(20分)，一等奖(15分)，二等奖(10分)，三等奖(5分)。积分最高的实验教师胜出。另，鉴于作品展示的需要，“最佳作品”依据PPT，决赛依据PPT录视频讲解，研究报告只评价，与比赛获奖无关。

表3-10　最佳作品和决赛评比(评审教师专用)

内容模块	评价模块(分值)	评价标准
PPT	1. 结构的规范性(10分)	PPT的内容模块和顺序：Introduction，Method，Findings，Discussion，Conclusion
	2. 导入与研究目标(10分)	研究内容、背景介绍体现研究意义，研究目标清晰明确。
	3. 宏观逻辑(10分)	主要的研究发现与讨论结果是否实现了研究目标。
	4. 研究发现(10分)	研究发现具有针对性，描述简洁清晰，数据整合能力强。
	5. 分析讨论(15分)	条理清楚，能结合现实背景解释和探讨研究发现
	6. PPT设计(10分)	精美，简洁，逻辑清晰，主次分明，视觉效果舒适。
	7. PPT文案(10分)	文字表达简洁、清晰、流畅；语法正确，用词准确。
	8. 学术规范性(10分)	引用是否标注，参考文献格式是否规范。
	思想认识(15分)	作品宏观占位高，分析讨论有理有据，传达的思想价值可以发挥积极的引领或塑造功能。
	合计	

续表

内容模块	评价模块(分值)	评价标准
研究报告	1. 版面效果(10分)	排版规范(字体、行距、段落);结构清晰;视觉效果好。
	2. 结构的规范性(10分)	报告的内容模块和顺序:Introduction, Method, Findings, Discussion, Conclusion
	3. 导入与研究目标(10分)	研究内容、背景介绍体现研究意义,研究目标清晰明确。
	4. 宏观逻辑(10分)	主要的研究发现与讨论结果是否实现了研究目标。
	5. 研究发现(10分)	研究发现具有针对性,描述简洁清晰,数据整合能力强。
	6. 分析讨论(15分)	条理清楚,能结合现实背景解释和探讨研究发现(有高度),有理论支撑(有深度),有独特见解(新颖)。
	7. 语言表达(10分)	文字表达简洁、清晰、流畅;语法正确,用词准确,语篇衔接连贯好。
	8. 学术规范性(10分)	引用有标注,引注格式正确,参考文献格式规范。
	9. 思想认识(15分)	作品宏观占位高,分析讨论有理有据,传达的思想价值可以发挥积极的引领或塑造功能。
	合计	

(二)形成性评价

形成性评价的目的是鼓励认真的实验态度,督促实验教师对项目小组的管理、交流和评价,更重要的是它有助于收集和及时地了解学生的反馈信息。反馈信息对项目教学的优化至关重要。形成性评价"终评"是"教师日志记录"和"教师项目点评"这两个内容模块合计得分的平均值。

表 3-11　形成性评价

内容模块	评价模块(分值)	评价方法:询问与查阅记录
教师日志记录	1. 教师日志的完成(10 分)	是否完成?是否按时完成?(未按时完成减 2 分)
	2. 和学生的辅导性沟通情况记录(20 分)	平均每班沟通 1 次及 1 次以上是满分。沟通数少于班级总数,减分,少一次减 2 分。(沟通不包含催促提醒)
	3. 学生困惑记录及解决办法(20 分)	学生困惑记录(10 分)及解决办法(10 分),要求描述具体。
	4. 突出问题记录及解决办法(20 分)	突出问题记录(10 分)及解决办法(10 分),要求描述具体。
	5. 主观感受记录(20 分)	要求描述具体清晰,酌情打分。
	6. 点评记录(10 分)	酌情打分。
	合计	
教师项目点评	1. 是否点评(20 分)	每个班都点评了是 20 分,少点评一个班减 5 分。
	2. 点评方式(10 分)	口头点评 6 分,文字点评 10 分。
	3. 点评内容(20 分)	点评包含优点(5 分)、缺点(5 分),表扬/批评(5 分),鼓励(5 分)。
	4. 学生对老师点评的认同度(20 分)	根据学生日志中有关评价的选项,小组全体成员选择"认同""基本认同"就是 20 分,有几个"不认同"就减几分。
	5. 点评的及时性(15 分)	文字点评在小组完成项目的当周内完成 15 分,逾期但不超过一周 10 分(从项目展示日起算),超过一周 5 分。如没有文字点评 0 分。
	6. 分享佳作(15 分)	分享且指出佳作中值得学习的环节 10 分,仅分享佳作 5 分,未分享 0 分。
	合计	
	终评	形成性评价终评取两个内容模块的平均值

第六节 项目教学框架的其他要素

一、项目激励机制

单纯的表扬和鼓励的话语是不够的，项目式教学需要激励机制使项目小组保持高昂的士气和不断前进的动力。项目小组在完成项目和修改后，按照项目计划在课堂展示与汇报，实验教师在自己的所有实验班展示完毕和点评完毕后，推荐出一部优秀作品，三位实验教师推出三部优秀作品，经过评审人员打分评审，选出最佳作品。最佳作品参加学期末的决赛，通过决赛评比出等级，给予奖励，获奖名单在各实验班公示。具体步骤描述如下。

首先，评比与展示。

第一步：实验教师“推荐制”→推荐一部“优秀作品”。

第二步：优秀作品采取评审人员“打分制”→“最佳作品”。

第三步：最佳作品录制成视频作品上传哔哩哔哩→将链接发至各班供学习与展示。

实验教师可以根据自己的需求和判断将“优秀作品”或“最佳作品”分享至各班班级群，或是将某些作品的亮点进行分享，一方面是在提供互相学习和借鉴的机会，另一方面是对某些项目小组研究工作的认可和鼓励。

其次，决赛与奖励。

每单元的最佳作品成为决赛入围作品，学期末将产生 7—8 个入围作品，进行二次评审，排名产生特等奖、一等奖、二等奖、三等奖，对获奖作品给予奖励，获奖名单在各实验班公示。

二、项目的组织与管理

在项目教学中，学生是研究的主体，老师发挥宏观管理和远程管理功能，具体表现为：分组—布置任务—提醒—催促—辅导—评价—观察和记录等。学生项目小组内部采用组长负责制，组长和组员通过协商创建小组内部合作形式，组织例会，分配任务，监督和推进研究实践工作，保障在规定时间内完成任务，并将研究过程中的沟通、合作、困惑，思想认识等情况通过问卷星平台记录在《学生实施项目日志》。

老师层面由课题组组长（主持人）负责，负责组织例会，给实验教师和评审教师布置任务和提出工作要求，主导项目教学的辅导与评价、推进与优化。实验教师之间是合作关系，共享信息、资源、经验，共同商讨问题的解决办法等。

三、项目教学设计缺陷

项目教学设计通过行动研究法不断得以验证、修改和优化。鉴于课题研究的时间有限，仅设计了两个实验阶段，设计依然有大幅优化空间。目前设计缺陷如下。

（1）本学科是外语类学科，语言能力的培养应成为核心内容，但在项目设计中给予该环节的重视不足。具体体现如下：学术类英语写作语言辅导设计缺失；语言能力评价不足，语言评价标准设计得比较主观和粗线条，未考虑使用方便、有效、客观的评价系统或软件或平台；语言能力激励不足，研究报告仅点评不参评不利于研究报告撰写的提高，通过撰写研究报告提高语言语篇能力是重要途径，但激励机制的缺失不利于该领域能力的发展。

（2）教师书面点评项目和教师日志记录给老师增加了不少工作负担，不利于本教学设计的推广。基于已有书面点评和日志记录信息可以汇编设计出方便的小程序，教师只需点选便能完成如上工作环节，这样老师方便，研究者也方便收集信息。

（3）缺少对学生作品精华的汇编、整理和采集环节。学生作品除了可以生成优秀作品范例，成为辅导教学的案例，作品中具体的研究发现和思想观点也不乏闪光之处，如能采集、整理，可以成为教师教学和课程思政的重要支撑，对学生的研究也是一个重要的认可途径。

（4）思想认识评价在实验过程中未得以凸显。作为课程思政设计的关键环节，仍然需要继续探索操作性强，能够科学地、客观地评价学生思辨能力的途径、方法或者设计。

(5)对学生的研究过程参与不足,过程管理不到位。在实验效果测定中,采访暴露了这个问题。由于教师负责班级数量过多,每位实验教师的教学班级达到 7 个,每个班 7 个项目组,一个学期要跟踪管理 49 个项目组,因此缺乏亲自跟踪项目研究的可行性。《学生实施项目日志》又比较滞后,需要在方便的过程管理机制上进行改进。

第四章　依托项目的大学英语课程思政设计

第一节　课程基本信息与课程定位

一、课程基本信息

大学英语课程是高等学校人文教育的一部分，兼有工具性和人文性双重性质。一方面，它遵循通用英语阶段语言学习规律，采取有效教学方法，全面提升学生的英语实际应用能力；另一方面，它通过学习材料和教学设计培养学生的综合素养与国际视野，使学生在认识世界、了解社会、发现自我的过程中，具备竞争实力，坚定理想信念，树立人生价值，厚植爱国情怀，增进文化理解，从而实现工具性和人文性的有机统一。

本课程以体验式教学理论为指导，PBLI 为教学模式，以《新视野大学英语·读写教程 1》和《新视野大学英语·读写教程 2》为实验教材，以实验点本科一年级非英语专业学生为实验对象，在《大学英语 A》和《大学英语 B》两门课程的教学过程中，依托教材的单元主题，展开一系列调查研究活动，并将思政育人元素融入课程设计与实践环节。

二、课程定位

结合实验点立足新疆、面向全国、辐射中亚的办学定位和培养应用型、工程技术型、复合型人才的培养目标，大学英语系列课程以立德树人为根本任务，以提高英语运用能力为导向，服务于文、理、工科专业人才培养需求。《大学英语 A》和《大学英语 B》两门课程是非英语专业本科一年级学生必修的公共基础课程和核心通识课程，衔接高中英语，并为后续提高和发展阶段的大学英语课程打基础。

以“传授知识、培养能力、塑造价值”教学理念为指导，在大思政格局下，本课程承担起高校大学英语思政育人的重任。基于 PBLI 模式对大学英语课程思政教学进行探索和实践，在注重学生听、说、读、写、译各项语言技能全面发展的同时，培养学生的综合竞争能力，提升学生人文、科学等综合素养，具备国际视野。同时，充分挖掘教材中的思政育人元素，提炼其中蕴含的文化基因和价值范式，培养能够践行社会主义核心价值观，具有家国情怀的新时代英语应用型人才。

第二节　依托项目的大学英语课程思政的目标与教学设计

一、课程目标

知识目标：巩固语言知识，提升语言技能，以英语为工具汲取多元文化知识和专业知识。

能力目标：语言运用能力、自主学习能力、批判思维能力、创新创造能力、团队协作能力、科学研究能力、学术写作能力、审美评价能力等综合竞争能力。

素养目标：培养人文精神，构建语言素养，文化素养，科研素养，拓宽国际视野。

思政目标：塑造人生价值，厚植爱国情怀，树立四个自信，构筑中国精神，传递中国声音，讲好中国故事。

二、教学设计

（一）设计理念

本课程以立德树人为根本任务，秉承传授知识、培养能力、塑造价值的育人理念，以 PBLI 教学模式为指导，依托教材的单元主题，挖掘思政育人元素，展开调查文献、做调查（问卷＋访谈）、分析讨论数据，口头调查报告、书面调查报告等一系列调查研究活动，充分凸显“教师主导，学生主体”地位。充分发挥 PBLI 教学模式的优势，通过体验式学习，师生协同，把深化思政育人、语言技能训练、思辨能力训练，研究能力训练、协作创新训练、审美评价训练融为一体，从而实现多个教学目标。

（二）教学安排

表 4-1　教学安排

教学安排		教学内容
第一周	第一课时	导入主题，理解篇章
	第二课时	重难点语言解析
第二周	第三课时	思辨训练，探究式阅读
	第四课时	项目展示，师生互评

每单元教学内容历时两周，共计 4 课时完成。其中，第一、第二课时以语言输入为主，内化语言知识点和理解主题内涵；第三、第四课时以技能训练和语言输出为主，具有高阶性、创新性、挑战度。在第一周学习结束后，学生运用语言知识，为第二周展开主题升华思辨活动和主题调查研究活动做充分准备，学以致用。其中，第四课时的教学设计是本研究基于 PBLI 模式进行大学英语课程思政教学实践的重要环节。

(三)教材分析

教材是教学内容的重要载体,是实现教学目标的重要依托。《新视野大学英语·读写教程 1》和《新视野大学英语·读写教程 2》选材内容突出时代性、趣味性,主题多样、内涵丰富,符合当代大学生的认知和思维特点,涉及社会、历史、经济、哲学、科技、文化等不同领域的内容,趣味性和思想性并重,人文性和科学性兼具;选篇重视思想性和人文性,培养多元视角,提高思辨能力,提升综合文化素质。语言材料鲜活地道,展现各国文化风貌和真实交际场景,帮助学生拓展国际视野,提高跨文化交际能力。整套教材内容贯穿社会主义核心价值观,自带项目教学内容,形式多样,可操作性强。

本次基于 PBLI 模式的大学英语课程思政教学,并未完全采用教材自带的项目活动,而是依托该教材的单元主题,教师自主设计思政育人导向的调查研究主题,学生按照小组认领研究主题,开展调查文献、做调查(问卷+访谈)、分析讨论数据,口头调查报告、书面调查报告等一系列调查研究活动。本研究历时两学期,两册书共计 16 个主题调查研究。

(四)学情分析

目标学生是本校本科一年级非英语专业学生,来自文、理、工三科,涉及文学、外语、历史、新闻、法学、经管、政管、数学、物理、信息、建工、电气、化工、纺织、机械等不同专业的 17 个实验班级,共计 513 名学生。整体而言,大一新生学习积极性高,配合度高,更愿意体验参与式、探究式学习,探知欲强,信息收集和整理能力强,表达个人观点的主观意识强。第一周的两次课时结束后,学生已经熟悉课文主旨,理解课文重要语言点,掌握一定量地与主题相关的语言知识,做好了辩证思考、深度阅读的知识储备。

但是各个专业学生的英语水平参差不齐,长期习惯于语言输入性学习模式,说和写的语言输出能力较弱。实施主题研究项目需要收集资料、调查、分析、讨论、制作 PPT、口头书面汇报等,具有一定难度和挑战度,学生的科学研究意识和能力都较弱,再加上需要占用一定的时间与精力,部分学生态度有可能趋于退缩或消极应付。

三、基于 PBLI 的思政教学设计

(一)教学内容

本研究的实施分为两个阶段,即两个学期。每个阶段根据教材的单元主题设计思政教学内容,并在主题的框架下开展调查研究活动。教学设计以 PBLI 为模式,以思政育人为内容。项目模式拓宽了思政育人的实施途径,思政育人又提高了项目模式的思想性,形式与内容高度统一,为本课程"传授知识、培养能力、塑造价值"教学理念的落实,为本课程知识目标、能力目标、素养目标和思政目标的实现,提供了可行性操作。

表 4-2 为本课程 PBLI 模式在两个教学阶段的具体教学内容。

表 4-2 教学内容

实施阶段	使用教材	单元主题	调查内容(思政育人导向)
第一阶段《大学英语 A》课程基础	《新视野大学英语·读写教程 1》	步入大学	如何规划大学生活,大学生的使命担当,如何实现人生理想
		亲子关系	如何维护和谐的亲子关系,如何践行中国文化之孝道
		数字校园	互联网对大学生的影响,如何充分发挥信息技术的优势为学业所用
		时代英雄	大学生心目当中的英雄形象,英雄如何造就,如何崇敬英雄、缅怀先烈
		体育精神	如何评价中国运动健儿展现的体育精神,北京冬奥会成功举办的意义
		勤工俭学	大学生勤工俭学的利弊,如何看待五四时期的知识青年勤工俭学、爱国救亡的举措
		诚实守信	大学校园不诚信行为有哪些,如何纠正,如何继承和发扬诚实守信的传统美德
		珍惜友谊	当代大学生的友谊观,择友标准,男女友谊观有何异同,如何维护良好的跨性别友谊

续表

实施阶段	使用教材	单元主题	调查内容(思政育人导向)
第二阶段《大学英语 B》课程提高	《新视野大学英语·读写教程 2》	外语学习	大学生参与项目式英语学习的收获与反思,外语学习如何让自己在专业领域和国际视野下具备竞争力
		大学教育	大学生如何在兴趣和专业中做选择和平衡,如何看待所学专业在实现个人价值和中国梦中发挥的作用
		奋斗青春	当代大学生面临哪些新挑战新机遇,如何为自己规划奋斗人生,不负韶华
		校园爱情	当代大学生的爱情观、婚姻观,如何正确处理校园爱情对学业的影响
		勤俭节约	当代大学生的消费观,如何继承发扬勤俭节约的传统美德
		舍得文化	当代大学生如何做出理智、正确的人生选择,如何看待中国舍得文化
		职场女性	如何评价职场管理层女性的优势与劣势,如何看待男女不平等问题
		动物权利	如何看待人与动物的关系,如何评价动物实验为医学进步做出的巨大贡献,如何与动物和谐相处

(二)教学流程

第一阶段:打基础。

于大学一年级上学期实施,具体步骤如下:

①教师提前设计单元调查研究主题;

②课前准备 PPT 介绍、视频范例,发送班级群;

③课上进行项目调查活动的详细说明,示范如何使用“问卷星”工具进行问卷的创作、发放和收集,如何对数据进行分析和讨论,提出课堂展

示要求和评价标准，答疑解惑；

④成立小组，选定组长，分配任务。要求各组按照指定内容，提前开展调查研究。

为激发学生兴趣和参与度，增强团队合作意识，除了展示调查结果外，要求各组设计具有团队特色的成员介绍视频，促进情感交流。以下流程图解释如何开展 PBLI 模式的主题调查研究活动：

流程图 4-1

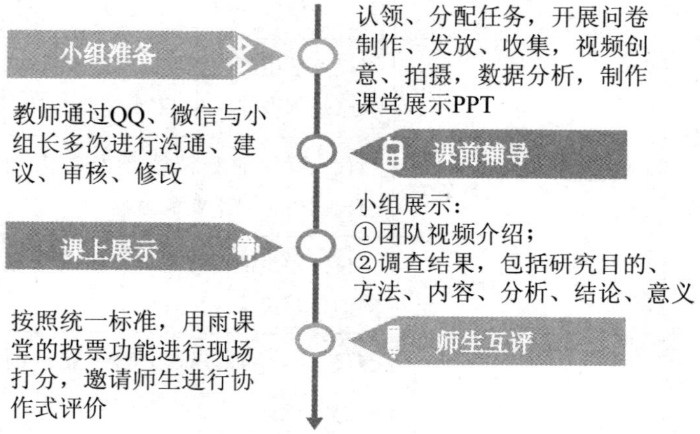

图 4-1

第二阶段：重提高。

于大学一年级下学期实施，具体步骤如下：

①教师提前设计单元调查研究主题；

②课前准备关于调查研究方法的系列 PPT 介绍和微课视频，发送班级群；

③课上进行项目调查活动升级的详细说明，示范如何查找文献资料，如何设计访谈问题，如何进行访谈，如何撰写研究报告；

④成立小组，选定组长，分配任务。要求各组按照指定内容，提前开展调查研究。

为提高学生调查研究能力，为申报大学生创新项目做前期准备，本阶段提出更高要求。学生要做前期文献查阅工作，调查方法包含访谈和问卷，除了展示调查结果，还要撰写英文版调查报告，培养学术写作能力。

以下流程图解释如何开展活动：

流程图 4-2

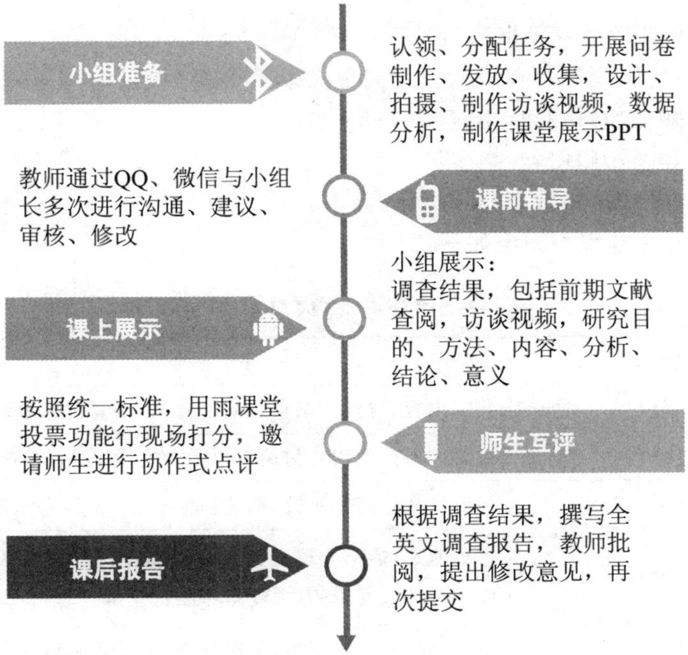

图 4-2

(三)教学辅导

(1)解决一般问题：制作系列微课、课件，为学生提供全面、系统、专业的针对性辅导。

(2)解决具体问题：充分发挥信息化的教学手段，将"线上和线下""集体和个人"辅导相结合。

(四)教学评价

首先是针对学生项目作果的评价。

本课程遵循"科学性、多元化、激励性"的评价原则，强调评价要达成学生的学习进步与育人效果，采取了师生协作式评价方式。评价活动分为四个环节：

第一，学生投票环节。

在小组展示结束后，利用雨课堂投票功能，班级全体学生进行现场打分。按照四个分数段进行评分：

A. 90—99(优秀)

B. 80—89(良好)

C. 70—79(合格)

D. 60—69(待合格)

评分标准统一制定如下：

表 4-3　评分标准(内容同表 3-5)

评价内容	评价标准
介绍(10 分)	研究内容、背景介绍体现研究意义，研究目标清晰明确。
逻辑(10 分)	主要的研究发现与讨论结果是否实现了研究目标。
研究发现(20 分)	研究发现具有针对性，描述简洁清晰，数据整合能力强。
讨论(20 分)	条理清楚，能结合现实背景解释和探讨研究发现(有高度)，有理论支撑(有深度)，有独特见解。
PPT 设计(10 分)	精美，简洁，逻辑清晰，主次分明，视觉效果舒适。
PPT 语言(10 分)	文字表达简洁、清晰、流畅；语法正确，用词准确。
展示(15 分)	台风得体大方，口语流畅，声音洪亮，语速适中，熟练，时间把握合适。
学术规范(5 分)	引用是否标注，参考文献格式是否规范。

第二，师生点评环节。

教师根据上一环节投票结果，按照分数段，邀请学生依照评分标准进行有理有据的口头点评，生生之间鼓励发表赞同或者反对的意见。教师最后做出总结性评价(课上口头点评，课后书面点评且附分数明细)，肯定或者鼓励学生的学习行为，提出整改意见。评价过程充分体现以评促学，师生同向同行、协同育人的良好效果。

第三，评比与展示。

第一步：实验教师“推荐制”→推荐一部“优秀作品”；

第二步：优秀作品采取评审人员“打分制”→“最佳作品”；

第三步：最佳作品录制成视频作品上传哔哩哔哩→将链接发至各班供学习与展示。

实验教师可以根据自己的需求和判断将“优秀作品”或“最佳作品”分享至各班班级群，或是将某些作品的亮点进行分享，一方面是在提供互相学习和借鉴的机会，另一方面是对某些项目小组研究工作的认可和鼓励。

第四，决赛与奖励。

首先，每单元的最佳作品成为决赛入围作品，学期末将产生7—8个入围作品，进行二次评审，排名产生特等奖、一等奖、二等奖、三等奖，对获奖作品给予奖励，获奖名单在各实验班公示。

其次，是针对实验教师的评价：利用“线上”“线下”混合手段，创建切实可行的公共课“项目教学教评体系”，确保思政教学质量和效果。研究采取多渠道、多方式、多方面评价。

结果性评价，即项目成果评价，依据评审教师选出的最佳作品数量和决赛名次及数量累加分数得出：实验教师每有一部“最佳作品”获得10分。决赛获奖依据等级累加分数：特等奖(20分)，一等奖(15分)，二等奖(10分)，三等奖(5分)。积分最高的实验教师胜出。

形成性评价：形成性评价的目的是鼓励认真的实验态度，督促实验教师对项目小组的管理、交流和评价，更重要的是它有助于收集和及时地了解学生的反馈信息。反馈信息对项目教学的优化至关重要。形成性评价是“教师日志记录”和“教师项目点评”这两个内容模块合计得分的平均值。

第三方数据评价：依据每学期学校层面评教数据，其中包含学生评教，督导评教，同行评教。

整个课程设计是一个完整有机的系统，但带动近20个班级开展项目实践，其规模带来的组织与管理工作是一个挑战，同时，在实践过程中，各类干扰因素也为课程设计的贯彻和实施产生了一定影响。

第五章　学生项目作品

通过两个实验阶段的实践，实验班学生完成近 130 个项目作品，质量参差。但通过参与项目实践，同学们已初步涉猎了人文社科领域的研究。尽管设计 PPT、撰写研究报告、团队协同完成任务过程坎坷，但是同学们迈入学术研究的第一步。通过指导与评估学生的项目和项目研究报告，结合有关撰写研究报告的书籍文献，笔者提出如下研究报告撰写的一般要求，并描述学生实践中频现的问题，最后通过写作案例具体呈现。

第一节　研究报告撰写要求与常见问题

如何写一份研究报告？这里有一些需要遵循的逻辑结构和内容要求。首先，研究报告最基本的结构成分是“引言，研究设计，研究发现，分析讨论，结论”，此外还应附上“摘要”和“参考文献”，报告要求遵循如上逻辑顺序，且要结构完整，比例合适（“研究发现”和“分析讨论”是报告的“body”，一定要占据不低于三分之二的比例）。学生在宏观结构上的常见问题是结构不完整、结构混乱、比例失调。研究报告的语言风格有一定的特点，表达应该是简洁的、正式的、学术的；“语气”应该是客观的、冷静的、公允的、谦虚的。学生在语言表达上的问题主要是语言能力和词汇量有限，很难做到表达上具有学术气质，除了通过引导性积累的方式，更快捷的是借用一些软件或网站：如人工智能写作软件 Wordtune；英文论文写作辅助网站 https://www.phrasebank.manchester.ac.uk/ Academic Phrasebank 是学术作家的通用资源，旨在提供研究论文或论文的写作用语，在实践、积累和充分运用软件或网站润色语言的过程中，进步应该是快速的。

研究报告在宏观逻辑上要求：引言中树立的研究目标或者提出的研究问题应该统治全局，研究发现和讨论必须密切围绕研究目标或研究问题，结论必须回答研究问题。学生在宏观逻辑的把控上常常显得力不从心，因为从来没有处理过这么大量的资料和数据，如果初始研究目标不够明确，或是团队组织把控能力弱，很容易偏离研究目标，导致宏观逻辑遭到破坏。

如下是研究者基于学生作品对研究报告的每个内容模块提出的写作要求和学生在相应环节出现的常见问题描述，希望能为相关领域的"教"与"学"提供借鉴。

一、"引言"(Introduction)

(一)有关"引言"的一般要求

引言部分的功能是告诉读者："你要干什么？（研究主题）""为什么要做？（研究意义）""要达到哪些研究目的？或者是回答哪些研究问题？（研究目标）"。在这里，我们首先需要描述研究项目的背景或者是现状，指出目前存在的问题、困惑，以及解决这个问题或是解答这个困惑的意义，最后提出我们的研究目标，这就是"引言"中最基本的内容。

"研究目标"是引言部分最核心的内容，表达希望达到什么目的，这些目的应该涵盖研究报告的要点。研究目标必须是明确的、有意义的、可衡量的、可实现的，无论是陈述的形式还是问题的形式。它们最好以合乎逻辑的顺序呈现。例如，从调查实际情况到分析成因，再到改善办法，即，从"what"到"why"再到"how"。

在确定研究目标后，必须查阅文献，看看相关研究是如何进行的，使用了什么理论，取得了哪些成果，研究中存在哪些问题，以便我们利用、参考和对比。文献综述是一项强制性工作，在引用文献时，必须准确标注引用来源，并在报告末尾的"参考文献"部分以正确的格式提供文献具体信息并学会按照规范罗列文献。

(二)学生通常出现的问题

在实验初期,有关“引言”部分,学生频繁出现如下问题。

(1)当主题较大时,研究者需要在一开始就圈定研究范围,使研究具有可行性。在实践中会出现这种现象,老师提供的拟题偏大,学生的研究内容较为离散,缺乏聚焦。该现象一方面提醒教师拟题时需注意把握宽窄尺度;另一方面,需引导学生学会审题,掌握灵活的研究策略。

(2)有时研究主题中存在陌生或抽象概念词,研究者需要在“引言”中解释或界定,但这些解释或界定并非研究背景或现状,所以,并不是有些类似介绍的文字便是研究背景。学生出现类似问题说明对研究背景或现状描述的认知还比较模糊。

(3)描述研究背景或相关现状后,未指出存在的问题、困惑,直接列出研究目标,导致逻辑不连贯,读者无法了解研究的价值或意义。

(4)研究目标不仅是“引言”的关键内容,也是全局的关键内容,“没有研究目标”或“研究目的不够清晰明确”都会使研究丧失方向或方向不明确,仿佛射箭没有靶子或没有靶心;此外,该环节还会出现如下问题:“研究目标宏大,不可实现”导致研究失败,“研究目标和实际研究内容关联度不高”导致宏观逻辑混乱,不明所云;“研究目标未体现研究重点或未覆盖研究重点”使研究目标的树立形同虚设;“研究目标仅单纯罗列,缺乏有机联系”使研究内容离散,难以形成一个有机的逻辑闭合体;还有的研究目标缺乏问题意识,我们做研究需建立问题意识,以解决问题为目标,否则研究价值何在?例如研究大学生兼职,研究目标是“①大学生的兼职工作情况如何?②大学生兼职有何优点?③大学生兼职有何弊端?”这样的研究目标表面看没有问题,但进一步思考会发现为什么要调查大学生兼职情况呢?梳理出优点和缺点的目的是什么呢?还有的研究目标则出现逻辑断裂的问题,如从“了解情况”直接跨到“建议”,中间缺少“原因分析”,那么“建议”从何而来呢?

(5)引言部分冗长,内容或语言不够凝练,汇报显得头重脚轻。引言,顾名思义,告诉读者“What's it about?”它并非阐释论证部分,需把握其在全文中的汇报长度。

二、“研究设计”(Research Design)

(一)有关“研究设计”的一般要求

“研究设计”的功能是告诉读者：

“我们是怎么研究的?”(研究方法)

“我们使用什么工具来帮助我们完成这项研究?”(研究工具)

“我们调查研究的是谁”?(研究对象)

“我们先干得什么,然后干的什么,最后干的什么?”(研究步骤)

研究设计服务于研究目标的实现,科学的设计才能得到有效可靠的数据。“研究设计”一般包括如下内容模块:“研究方法,研究工具,研究对象和研究步骤”。

“研究设计”的核心部分是“研究方法”,一般研究方法可分为“定量研究法(quantitative method)”和“定性研究法(qualitative method)”。

①定量研究(Creswell J. W. ,1994)一般是为了对特定研究对象的总体得出统计结果而进行的,其目的在于发现人类行为的一般规律,并对各种环境中的事物做出带有普遍性的解释。“定量研究法”产生的定量数据是数值的,可通过表格和图形将数值可视化,最常用的定量研究法是“问卷调查法”。如今,随着互联网的发展,各种用于定量调查的应用型软件如雨后春笋,使数据收集和数据分析变得格外便捷。

②定性研究(Creswell J. W. ,1994)具有探索性、诊断性和预测性等特点,它并不追求精确的结论,而只是了解问题之所在,摸清情况,得出感性认识,定性研究试图发掘深度,对特定情况或事物作特别的解释。“定性研究法”产生的定性数据是描述性的,需通过陈述的方式呈现,最常见的“定性研究法”是访谈法、观察法和案例研究法等,用于定性研究的方法更加丰富。课题拟制的项目都是调查研究性项目,建议同学们使用混合式研究方法,即用定量和定性相结合的方法,既要求了解广度,也要求了解深度,具体呈现为问卷调查法和访谈法。偶尔也可以根据研究需要使用观察法或案例研究的方法。

有关问卷调查的一般要求：

在项目实践中学生使用的最普遍的研究方法就是问卷调查法,《牛津高级学习词典》将问卷调查定义为：由许多人回答的书面问题列表，以便从答案中收集信息。这里有三个关键要素：问题、人和信息。问卷的功能是收集信息进行定量分析，阅读和分析这些收集的信息可以帮助我们识别现象、了解倾向，确定态度等。

①在问卷调查中，大量的人将成为受访者，多少数量能满足数据采集的需要呢？就当前拟制的项目而言，至少需要100个，否则我们无法从太少的受访者中得到有效的量化数据。

②我们必须知道我们想问谁，他们是否有相关的经验、经历、知识、常识等，如有必要，问卷一开始就得收集研究需要的个人基本信息，如年龄、性别、专业等，但是为了保护个人隐私，问卷通常是匿名的。

③问题是问卷的核心，好的问题给研究者带来准确、有效的数据，为有价值的数据分析奠定基础，是高质量调查的重要保证。好的问题必须是围绕研究目标的，至少是与之相关的，是易于理解的、表达精确的，因此在实施调查前我们必须反复审核每个问题以达到调查的有效性。

④我们如何设计问卷？问卷主要由题目、说明和一系列问题组成。

首先，将调查内容浓缩成一个简洁的标题，比如“大学生消费习惯问卷”。其次，应该明确调查目标，并礼貌地表达你的赞赏。你的态度决定了你的受访者是否愿意帮助你。最后，我们到了最关键的部分，即问题。适当的问卷长度是非常重要的。研究表明，随着问题数量的增加，回复率会下降，因此，短而简单的问卷通常比长而复杂的问卷有更高的反馈。

为了收集有效的信息，通常有三种格式的问题：一是封闭式问题，即是非题和选择题。它们被用来收集统计信息，对人或情况进行分类。它们很容易分析和过滤。二是开放式问题。答案通常是主观的和情绪化的。人们可以自由地分享感受和表达观点。三是我们使用1—5的评分量表来衡量受访者同意或不同意某些陈述的程度。相比较而言，量表问题在问卷调查中更受青睐，因为量表数据可测试其信度和效度。

“研究设计”的另一个组成部分是“研究工具”，它是指我们用于数据收集、数据分析和文献回顾的工具，如定量数据收集平台问卷星；定性数据收集设备如相机、录像机、智能手机、录音笔等；数据分析软件如SPSS、Excel等；学术文献资源平台如：SpringerLink、中国知网等；录制和剪辑视频的应用程序如Tik Tok、剪映等。

“研究设计”的另一个内容模块是“研究对象”，“研究对象”必须具有代表性且达到一定数量，尽量让不同类型人群比例相当。一般我们需要介绍和描述调查研究对象的“数量、比例(如男女比例)”,他们的“身份、年龄、性别”,甚至根据研究需要还可能需要描述他们的“收入、职业、地区、学校”等信息。

“研究设计”最后一个组成部分是“研究步骤”。一般来讲研究步骤的顺序是:拟制研究目标、回顾文献、研究设计、调查、分析讨论、总结。因为大多研究步骤是雷同的,已成为一般常识,因此有关研究步骤的描述属于非必要环节,但必须描述“数据收集”的详细情况,例如何时、何地、何种方法收集,现在的调查问卷一般都使用问卷星等平台在线上收集数据,因此只需描述问卷发布时间,回收时间,回收数量就好。

(二)学生通常出现的问题

(1)在实验初期,学生时常会忽略“研究设计”的核心内容“研究方法”。“研究方法”对初学者而言,有些抽象,需多次引导。因调查研究类项目研究方法大多相似,因此在提供简单范例后,学生又开始机械模仿,使这个环节的描述和汇报颇显套路化。这些现象说明有关研究设计和研究方法的辅导欠缺系统化,学生的有关认知比较浮于表面,因此无法灵活应用,也因此创新能力有限。此外,大多研究方法的介绍趋于粗略,例如,仅汇报使用了“问卷调查法”,那么问卷的设计思路是什么?有哪些内容模块?哪些题型?与研究目标关联性如何?采访问题和问卷问题的设计如何实现了广度和深度的互补?这些内容都少有涉及。在实践中,采访问题和问卷问题会出现较大幅度的重复,未能精准捕捉量化数据的缺陷而展开深度采访。对文献研究法认识感性,因为回顾了文献便认为使用了文献研究法,回顾文献是所有研究必须做的一个功课,用以系统了解过去在该研究领域学者们都研究了什么,用的何种方法,何种理论,得出了什么样的研究结果和结论,存在哪些未解决的问题和研究上的瑕疵,而“文献研究法”(刘桑,2023)主要指搜集、鉴别、整理文献,并通过对文献的研究形成对事实的科学认识的方法。研究方法本身就具有一定的复杂性,清晰系统地梳理,辅以案例的讲解,并亲自应用于实践,才能掌握并灵活应用。

(2)研究工具的应用具有局限性。例如,问卷星平台可不光用于数据收集,还可以通过问卷星的统计分析功能对答卷进行分类统计、交叉分析,另外还可以根据数据来源筛选出符合条件的答卷集合,并且以数据表格、饼状图、柱状图、条形图、折线图等形式来呈现,问卷的量表数据还可在该平台直接导入 SPSS 进行效度和信度的分析。在实践中,大多小组擅长使用各种图表图形呈现数据,不善使用分类统计、交叉分析,没有效度信度分析意识。大多数同学因老师未提出相关要求,未提供相关辅导和相关范例而止于深入探索,由此可见,即便是处于高级学习阶段,学生依然有较强的依赖性,教师的教育、引导、规范和要求在育人育才方面依然发挥着重要作用。

(3)“未描述研究对象”或“研究对象的描述位置不对”。很多同学习惯于在“研究发现”描述研究对象,原因很简单,因为大家通过问卷采集数据,数据包含“答题者”即研究对象的身份信息,这些有关研究对象的数据也被部分同学简单处理成了研究发现,这显然是不合适的。还有“对研究对象描述不完整、不全面”。例如,研究对象未告知总人数,只有男女比例,那么这个比例到底是多少呢?还有描述的研究对象未覆盖实际研究对象。例如,只描述量化研究的对象,未描述质性研究的对象,如采访对象,案例分析对象等。此外,还常有如下问题出现:调查人数太少,比例失调(如男女比例)等,这些问题都会导致样本的代表性不足,或是样本数量无法支撑研究目标的实现,无法体现特定群体的一般情况、一般规律。

(4)忽略描述数据收集。“研究步骤”并非“研究设计”的必要内容模块,但必须提供数据收集的详细信息,何时、何地、何种方式发放问卷和收集问卷,发放多少?收到多少?如仅描述数据收集,这个内容环节的小标题可拟为“数据收集”(Data Collection)。

(5)除以上问题外,“研究设计”环节还会出现:不同内容模块的信息未分类描述,堆放在一起;问卷问题针对性不强,没有围绕研究目标展开调查;问卷粗泛,得到的有用数据太少,使后续分析讨论难以推进,限制了研究优化的空间。

三、“研究发现”(Research Findings/Results)

(一)有关“研究发现”的一般要求

在课题实验中拟制的项目选题基本都需要调查研究的方法来完成,调查研究最普遍使用的研究方法就是问卷调查法和访谈法,因此在“研究发现”这个汇报环节我们要描述问卷调查这个定量研究结果提供的数值数据和访谈这个定性研究结果提供的语言陈述类数据。为了达到更好的逻辑，为后续“分析与讨论”环节奠定基础，两种数据都需要根据研究目标在描述之前进行筛选、组合、分类和对比。这些结果必须为我们的研究目标服务。此外，收集到的数据和研究发现未必是一一对应的关系，有时需要对数据进行概括、归纳、总结、合并和对比来获取指向研究目标的研究发现。与其他内容模块相比，学生比较擅长描述研究发现，出现的问题相比少了很多。

（二）学生通常出现的问题

（1）突出问题多与问卷设计相关联。例如，问卷问题太少，导致研究发现太少；问卷问题未围绕研究目的展开，导致研究发现无法回答研究问题，继而使研究无法推进，或是研究的宏观逻辑遭受破坏；问卷问题离散，问题之间缺乏逻辑联系，由此获得的有价值的研究发现不会太多，或是孤立地研究发现很难说明问题。

（2）机械逐一描述所有数据，未根据研究问题对数据进行分组或整合，导致研究发现零散无力、缺乏逻辑脉络。

（3）未充分利用数据。基于获取的数据，通过筛选、分类、整合、交叉、对比，还可以得到更多的数据，大多数学生没有意识利用数据平台的各类功能去挖掘更多的研究发现。

（4）缺乏能力和敏感度去捕捉数据呈现的主要特征以及异常特征。数据解读能力不足，仅看到数据，不思考这个数据意味着什么或是背后有何致因，或是孤立地看数据，看不到数据与数据之间的关联。由于缺乏思考，有意义的存在常常未被察觉。

（5）研究发现的描述顺序不合理。研究发现的描述应符合一定的逻辑顺序，如先描述情况，然后态度和看法，如倒置顺序，就会让读者或听众困惑不解。

（6）未使用小标题对研究发现进行概括总结。用小标题对各组数据进行概括总结，相当于运用思维对初步数据进行了再加工，经过再加工的概括性描述为下一步的分析讨论奠定了良好的基础。

（7）忽略对问卷中开放性问题答案的描述。对开放性问题答案的描述费时费力，因此一般不建议设计该类问题，如果有开放式问题，需根据答案进行分类，找出主流观点和个性化观点，非偏激的、非情绪化的个性化观点往往可以给研究者带来某种启示。

(8)采访也是数据,属于研究发现。易吸引眼球的是视频采访,它常常被同学们作为展示汇报环节的精彩导入,也有放到汇报结束的。如上操作说明部分同学对这个数据缺少清晰的认识。

(9)未认真处理采访数据。对采访这个质性数据的描述,难度远远大于对量化数据的描述,因此需要就要点描述。对主流观点描述,尤其要关注对量化数据起到补充作用的内容。

(10)描述性文字的词汇和句法单调。"研究发现"环节大概率是对数据(包括量化数据和质性数据)的描述,由于描述性内容的趋同性致使词汇和句法的运用呈现单一特征。

四、"分析讨论"(Analysis & Discussion)

(一)有关"分析讨论"的一般要求

"分析与讨论"不是"研究发现"环节的事实,而是基于这些事实但又不局限于这些事实而形成的一系列的观点,不是描述性的,是抽象的、理论性的、与现实世界相关的,关注实际应用和影响的,这个内容环节需要研究者独特的视角、抽象的思维和开阔的、具有前瞻性的视野和格局。一般来讲,"分析与讨论"环节有如下几个逻辑环节。

首先,需要根据"研究目的"抽象概括主要的和重要的研究发现;其次,解读促成因素;最后,提出改善情况的建议。这三个环节是纵向步步推进的,不是平行并列的关系。

它通常从对主要发现的概括开始。概括必须是直接的、陈述性的、简短的。然后是解读,针对概括出来的要点,将其置于"校园、社会、时代"等现实语境中进行解释,即原因探索,也可以与已有的相关研究进行比较。这样既能获得前人研究成果的支撑,也能突出本研究的新进展以增加其重要性,还可以辅之以合适的研究理论进行阐释,提高解释的说服力。只有这样,我们才能对现象得到更深刻的理解,方能找到破解问题的办法、策略或建议。

(二)学生通常出现的问题

(1)最严重的问题是"分析与讨论"和"研究发现"相关性不大,或是

“讨论”的重点内容在问卷及研究发现中并未涉及。“讨论”虽不局限于“研究发现”，但一定基于“研究发现”，二者都为研究目标服务。“研究发现”是调查出来的现实状况，“分析与讨论”是对这些现实状况的思考与解读，思考的目的是改善现实。

(2)混淆“研究发现”和“分析与讨论”在研究报告中的功能与潜在内容要求，最突出的现象就是二者没有区别，都在描写问卷回收的数据。这两个模块的内容不在同一个逻辑层面。虽然“分析与讨论”的第一步是抽象概括重要的和主要的研究发现，但这和“研究发现”环节的局部概括不同，它是针对“研究发现”全局进行的概括，是进一步的概括，生成解读和阐释的对象，可概括完毕后集中解读，也可以边概括边解读。部分同学喜欢在“研究发现”环节就边描述边解读，这种表达方式不建议采纳，容易丧失全局观，导致研究重点不明确，容易迷失方向。

(3)存在逻辑环节缺失问题。例如，“分析与讨论”仅对“研究发现”作概括，未阐释，也未提出建设性建议，致使这个章节内容变成了对“研究发现”的小结。又如，“分析与讨论”做了概括，提出了建议，但缺少对研究发现的阐释，致使逻辑链条断裂。试问，没有分析原因，又如何能掌握解决问题的正确办法呢？再如，概括研究发现后，解读阐释完毕就结束讨论。然后呢？难道我们的研究仅仅是为了找原因？部分学生会把解决问题的建议放到“结论”，理由是“结论”部分一般会有建议(suggestion)这个环节，但“此建议”非“彼建议”，“分析与讨论”环节的建议是用来解决实际问题的和回答研究问题的，“结论”部分的建议是为未来该领域他人的进一步研究提出的建议。

(4)“分析与讨论”单薄、肤浅、狭窄，解读角度单一，这是普遍现象。“分析与讨论”的核心环节是“解读”，即致因探索，这个环节充分体现研究者的深度和高度。研究者应该从多重角度，不同层面去解读研究发现及其致因，学会将研究发现置于社会语境进行解释。同时，前人的相关领域研究成果和研究理论都可以拿来解释前一环节抽象概括出来的研究发现或发挥支撑性作用。这个环节缺乏深度一般原因是文献看得少或是利用得少，缺乏高度一般原因是思维不够开阔，没有用联系和发展的思维去看待现象。

(5)“分析与讨论”部分缺乏引用，或是存在显著引用，却未标注文献来源。由于课程设计的项目都属于调查研究类项目，对文献缺乏绝对性的需求，大多数小组在做文献方面都比较敷衍。此外，在使用文献时标注意识不强，或是格式不对。还有就是有的同学喜欢在知乎、百度等非文献平台寻找文献支撑。同学们对文献平台大多感到陌生，教师也缺乏对各类文献平台的指导性介绍，除了 CNKI 还是 CNKI。

五、“结论”(Conclusion)

(一)有关“结论”的一般要求

“结论”包括总结、评价和对未来研究的建议三部分。首先，简要地总结主要的研究发现和讨论结果，即回答我们在研究初始提出的研究问题；其次，对该研究的意义和价值进行评价；最后，在建议环节，指出了本研究的局限性并为未来该领域的进一步研究提出相应的建议。

(二)学生通常出现的问题

(1)作为大一的学生，从未接触过学术写作，部分同学思维转换较慢，还停留在写作文的状态，缺乏客观、科学、冷静的态度，导致结论感性，存在口号式表达、抒情式表达和命令式表达。

(2)“结论”冗长。“结论”部分是对整个研究的总结，不应再有新内容，不应再有阐释和讨论，语言应力求简洁凝练。

(3)关键环节缺失，或关键环节内容指向无法实现逻辑闭合。总结是“结论”部分的核心内容，是关键环节，不容缺失。总结是针对主要的研究发现和讨论结果，相当于回答我们在研究初始提出的研究问题。回答了研究问题，意味着实现了研究目标，即实现了“提出问题，回答问题”或“树立目标，实现目标”这样一个逻辑闭合。

(4)对“建议”存在误解。针对解决问题提出的建议应该放到讨论环节，这是研究的使命所在，不应出现在“结论”环节。“结论”部分的“建议”是基于本研究的缺陷，为未来的研究、他人的研究提出相应的建议，所以两个“建议”的内涵是不一样的。

六、“参考文献”(References)

(一)有关“参考文献”的一般要求

“参考文献”及文中的引注，在不同的期刊、不同类型的论文存在着不同的格式要求，我们在这里要求使用 APA(American Psychological Association)格式。APA 有关学术文献引用和参考文献信息的格式要求接受度更为广泛。文献引用是在一篇文章的段落或文字之中“参考来源”的标注，通常来说，一个引用包含了作者名和发表日期，以括号夹注(有时会再加上页数)，放在引用文字或句子之后。例如，……(文秋芳，2021)/(文秋芳，2021:48)。详细地引用或参考信息则放在位于文章最后的“参考文献”，英文名称叫 References/Works Cited，APA 格式明确的定义“参考文献”只放入文章内容引用的来源。Bibliography 则包含了作者背景知识的来源，不一定是直接被引用的文献。

(二)学生通常出现的问题

(1)没有回顾文献，因此没有引用，也就没有参考文献；“参考文献”里罗列了较多文献，但在 PPT 中看不见对文献引用的标注；明显引用别人的数据和观点，文中未标记参考来源。

(2)有些“引用”和自己的话语区分度不足，让人困惑，搞不清哪些是引用的，哪些是作者的。

(3)未控制引用的占比。文中大块引用，引用成为文章的主体。

(4)文献引用格式不符合要求，参考文献格式不符合要求。

七、“摘要”(abstract)

内容摘要虽不是研究报告正文部分，却是一篇研究报告或是论文的必要组成部分，能够引导读者快速掌握研究报告或论文的研究目标、研究内容、研究方法和主要研究结果，即结论，要求语言简洁凝练。对摘要的写作要求在项目设计与辅导中是被忽视的部分，由于研究规模小，大多学生在简单口头辅导下能够基本掌握摘要的写作要点。

学生通常出现的问题：

(1)摘要未能完整覆盖“研究目标、研究内容、研究方法和研究结论”这四个基本的内容要点。部分同学对摘要的功能有所误解，将其当作研究报告的导入环节，忽略了介绍主要的研究发现。

(2)语言不够凝练，信息含量低，导致该环节过于冗长。

如上七点是研究者根据研究实践和研究报告撰写的实际情况提出的要求与常见问题描述，该课程的项目式研究设计仍在进行中，还不够成熟和完善，仅就初步阶段的研究心得进行描述，希望为项目式教学领域探索的教师们提供一些参考与借鉴。

第二节 学生作品展示与评价

下面我们来欣赏一下公共英语课程教师指导下的大学一年级新生的学术处女作。格式和写作规范还无法达到标准，研究和讨论也比较浅显，英语的语法和词汇还有待进步，希望以此让读者看到项目的部分成果，了解通过项目实践，学生有了哪些进一步的认识，以及存在什么问题。

研究者选择了不同阶段具有代表性且相对优秀的作品和读者欣赏：作品 1:(实验第一阶段:2021—2022 年第一学期)、作品 2:(实验第二阶段:2021—2022 年第二学期)、作品 3(实验后续阶段:2022—2023 年第一学期)。

一、实验第一阶段学生作品

作品 1 是实验第一阶段 2021—2022 年大一第一学期的学生作品，在该实验阶段，考虑到大家初次涉猎研究工作，仅要求大家用 PPT 汇报项目成果，研究报告属于自愿完成，相应的文献引用和参考文献的格式规范未提出明确要求，作品是以小组为单位完成的，因此，提交的研究报告数量比较有限，该阶段提交的作品突出特征就是基本由 PPT 转化生成，文中附有大量图表，除英语语法与词汇问题外，普遍存在的文字问题是衔接连贯性弱。

作品 1(2021—2022 年第一学期)

A Survey Report on College Students' Part-time Jobs

The aim of this report was to investigate the influence caused by the part-time jobs and find the inside reasons. A survey about the part-time jobs was conducted. The results indicate that most people take it for salary or improving themselves, but the more they focus on the money, the more they will lose themselves. The report concludes that taking it may not be all good. It is better to think twice if we really want to.

Introduction

There are more and more students doing the part-time jobs from freshmen to seniors and there are many indications that this will continue. According to iiMedia Research, in 2021, 83.9% of college students in first-tier cities in China have extracurricular part-time jobs; 81.8% of college students in second-tier cities have extracurricular part-time jobs; third-tier cities have a higher proportion of extracurricular part-time jobs, reaching 86.1%; the proportion of extracurricular part-time college students in fourth-tier cities and below is 80.0%. We can call this the part-time era, but at the same time, some students do it just for money regardless of study and they sometimes get cheated. To achieve a better understanding, a research was conducted.

Method

This research was conducted by questionnaire and investigated the situation of students' taking part-time jobs and their hope about the jobs. A total of 36 questionnaires were distributed with students' gender and grade level, we just use literature survey method, questionnaire survey method sampling survey method, and comparative investigation method to analyze the data.

Results

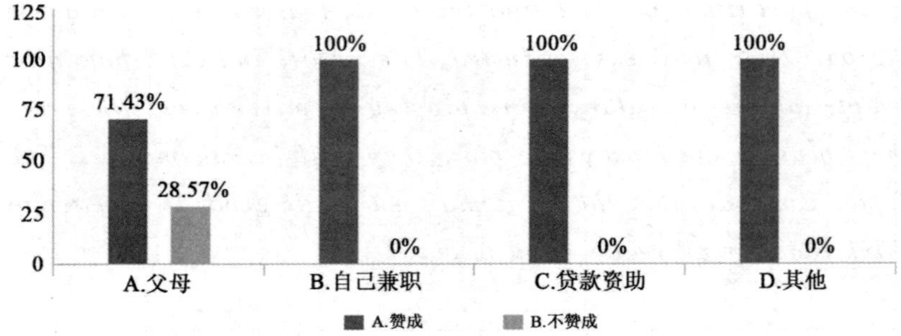

Most people get the cost of living from their parents, some from their part-time job or loan and other ways. Not surprisingly, about seventy percent of parents agree with their kids to do part-time jobs.

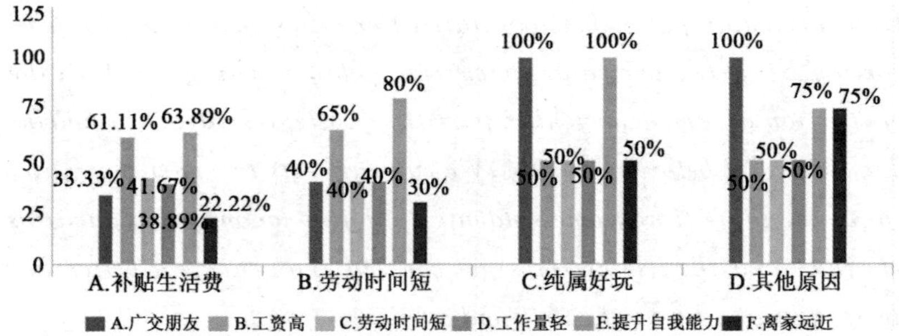

For the purpose doing the part-time jobs, everyone says they want to subsidized living expenses, half of them wants to accumulate experience, only a little people just for fun. For the reasons to choose the job, they are salary, improving themselves, having fun in order.

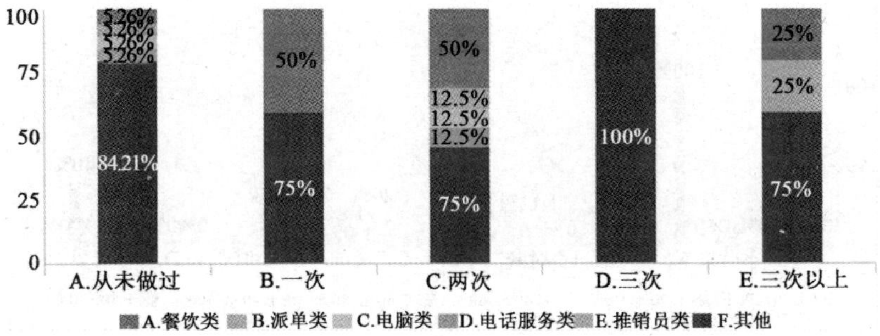

For the frequency of doing part-time jobs, half of them have not done it yet, one tenth of them took it once, one in five did it twice, less than a quarter of them took it three times or more. For the types of the part-time jobs, there are many kinds of jobs they want to do. But the computer jobs and tutor are the most popular. Whereas the jobs may not be able to fulfill their hope.

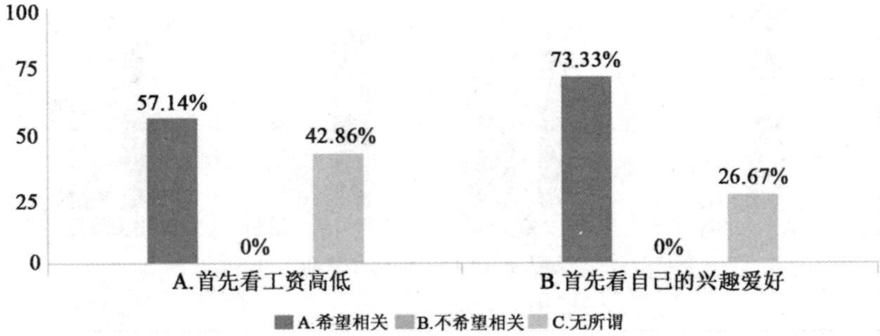

According to this survey, a little more than half of them choose it in order to earn money and forty percent of them out of their hobbies, most of them hope the part-time work can be related with their future job and the rest don't care at all.

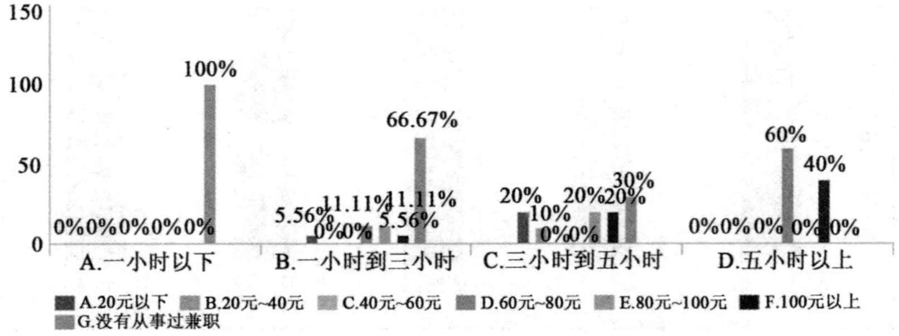

It is easy to see most people hope taking part-time work from one hour to five hours, it's just a few people hope doing it more than five hours or less than one hour. And for most of them, they want to earn forty to eighty yuan a day, low or high salary are just a few people.

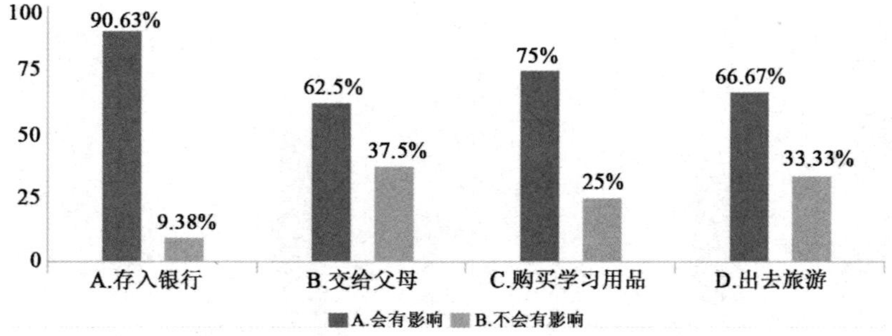

When asked how to use the salary, the most will save it in the bank or give it to their parents. One fifth of them will use it to buy the school supplies and only a little will use it to travel.

Discussion/Interpretation of Results

It is not difficult to find that the living expenses of some people doesn't all come from their parents, almost all of us are adults now, we sometimes want to do some things but not trouble parents, or owing to other reasons, we take the part-time jobs for the money. Money can make us buy many things we want, but money just is like a feral animal, if you don't have powerful self-control, you may be corrupted by money, you may only have one goal of earning more money, you will have become the slave of money. But if the money you get can be made full use, it will be changed.

Let's watch the data again. There is someone do it to improve themselves, but when we watch the jobs they want to do, there are some interesting things happened——washing dishes, distributing leaflets, repairing the computer, most jobs are manual work, which is caused by their own talents that can only support them do the manual work. And some want to be the tutor but the data in ZhiHu shows that they can't do better than the professional teachers so that the parents won't choose them. That's why they need to spend more time doing the jobs.

Our parents almost agree with us to do this, because they want us to know how hard it is to earn money but not hope us to just take it for money regardless of learning. To quote Zweig's novel "She was still too young to know that life never gives anything for nothing, and that a price is always exacted for what fate bestows." Yes, reference the data in the textbook, when you choose to devote to it, the price is your study. For us college student, study should be the most significant thing.

Most students want to use the way to earn money, but the data in CNKI shows that part-time jobs of university students is not as safe and easy as we think, there are many traps waiting for us such as black heart intermediary and boss and it may be too hard for us, which means you may not get enough salary you want.

Conclusion

From the previous chart, we can find the one who get living expenses from their parents will be less likely to take part-time jobs and do less time and their parents will not hope they do it more, the one who do it for the salary will pay more attention to the wages, on the contrary, the one who do it for fun will pay more attention to find new friends, and the one who pay more attention to the money will hope the jobs are related with their majors less, the one who save the wages into the bank or parents will be more likely to think the job can have difference in their future life.

Suggestions

According to our investigation, the meaning of part-time jobs is to ease the financial strain and gain some experience, so if you can control the time of part-time jobs, I recommend you to have a try, but if not, you should find another way to replace it.

References

大学兼职二三事—中国知网(cnki. net)

大学生兼职现状及安全性对策研究——以宿迁学院为例—中国知网(cnki. net)

知乎盐选|大学生兼职对就业能力的影响研究(zhihu. com)

知乎盐选|大学生兼职现状及行为影响因素研究(zhihu. com)

作品点评：从论文内容和结构上看，这篇实验报告基本符合项目作品要求。首先，摘要内容表达完整明确，以简洁的语言概括传达了：研究目标(The aim of this report was to investigate the influence caused by the part-time jobs and find the inside reasons.)，研究内容和研究方法(A survey about the part-time jobs was conducted)，研究结论(The results indicate that most people take it for salary or improving themselves, but the more they focus on the money, the more they will lose themselves.)，

但研究目标在全文中的表述并非贯彻一致的和研究的内容重点也不完全相符，如“the influence caused by the part-time jobs”在研究发现和讨论中未涉及。该报告在引言部分的逻辑链条是完整的，从背景：“There are more and more students doing the part-time jobs from freshmen to seniors and there are many indications that this will continue.”到问题：“Some students do it just for money regardless of study and they sometimes get cheated.”最后到研究目的：“To achieve a better understanding，a research was conducted.”但研究目标不够明确。

在研究方法环节，研究方法明确，同时研究目标也趋于明确：This research was conducted by questionnaire and investigated the situation of students' taking part-time jobs and their hope about the jobs. 但针对研究对象展开的问卷调查回收数量太少，仅有36份，代表力不足，其次缺乏对研究对象的描述，如：是哪个高校的学生，哪个年级？男女比例如何？此外，还缺少数据收集的信息描述。

“研究发现”环节，可以看到问卷问题和得到的数据针对于研究方法环节表达的研究目的，即调查同学们兼职的基本情况以及他们兼职希望达成的目的。“研究发现”的逻辑顺序基本合理，按照“兼职的动机，兼职现状，兼职收入处理”排列。讨论环节基于研究发现，解释了数据背后的原因，并引用别人的话语间接表达了研究者的观点，即不要牺牲学习的时间去赚钱。讨论部分最后一段提到兼职安全问题，间接支撑研究者不赞成兼职的观点。但这是一项调查研究，调查目的和调查本身未涉及兼职安全问题，所以这个讨论内容的出现较为突兀。同时，内容和引言中的“问题”却相呼应，因此研究设计存在漏洞，相应调查报告的局部逻辑也出现瑕疵。结论部分是总结，最后的“建议”(Suggestions)是针对解决问题的，因此应该将其调整到“讨论”的最后。“参考文献”首先引用的部分文献并非严肃文献；其次，格式不对；最后，文中引用并未标注。

从研究结果上看，项目小组获得了有趣且重要的发现，即，大学生因能力和经验不足，以及无法全职工作等因素，从事的大多是一些临时的、简单的体力劳动，与专业缺乏相关性，价值不高。虽然父母持鼓励态度，希望以此让孩子们了解生活的艰辛，但研究者认为牺牲学习时间和精力的兼职代价太大，还可能遭遇危险或骗局。由此可见，项目小组通过实践、分析与讨论对大学生兼职有了较为理性的认识。

从语言文字上看，报告中语法错误较多，词汇单一，原文还存在英文输入不熟练的迹象，如单词间不打空格，空格后打标点等问题。对于几乎所有同学来说，这可能是有生以来第一次写这么长的英文文章，同时大家的注意力都聚焦在写作的内容上。为鼓励同学们迈出重要的第一步，在该阶段，语言并未成为作品评价的重要指标。

二、实验第二阶段学生作品

作品 2 是实验第二阶段 2021—2022 年大一第二学期的学生作品，在该实验阶段，不仅要求大家用 PPT 汇报项目成果，还要求以小组为单位完成一份研究报告，对文献引用和参考文献的格式规范提出明确要求，作品是以小组为单位完成的。为训练同学们的语言表达能力，提高文字的衔接连贯性，禁止学生在报告中使用图表。

作品 2(2021—2022 年第二学期)

Pains during the Odyssey Years

In the year of the Odyssey, people tend to face all kinds of contradictions and difficulties, such as studying and working pressure, the future of confusion, the failure of love, parents do not understand, and the purpose of our survey, just want to know whether we can realize that we have entered the Odyssey years, and the influence of Odyssey years for us.

Introduction

In the odyssey years, people who are between the ages of 20 and 35 often bear a lot of great pressure, parents' high expectations, peer achievement comparison, difficult employment environment, fast pace of life … Forcing them to rush forward quickly. But often counterproductive, not only do not achieve success, but miss the opportunities around. This is a very critical period, so we want to investigate whether people know this period, and are they ready for it, to help them better through the odyssey years.

Methods

With the method of questionnaire survey, this study investigated the students in Honghu part of Xinjiang university about the idea of the odyssey years, questionnaire includes the understand of the odyssey years, the problems that people are coming through the Odyssey years, it also provides an open answer to get more comments. We handed the questionnaire out lasting two weeks, to make sure we get enough data. The survey was voluntary and anonymous, to make sure the end is reliable.

Results

According to the questionnaire, it can be found that 83.28% *of college students realize that they are entering a new stage, while* 16.92% *do not realize that they are entering a new stage.* 64.62% *of the people expressed that there were two states of worry and expectation before entering the Odyssey years, and the number was the same in this survey. In the Odyssey years,* 66.15% *of the people are confused,* 56.92% *are anxious,* 40% *are at a loss,* 20% *have a plan, and the rest* 16.92% *have no feeling More than half feel at a loss about the future and don't know how to handle relationships, while only* 6 *percent are not confused.*

In fact, about half of them think it is caused by social and economic development and the participation of college students lacking social experience in social competition. Only about 12% *of them think it is caused by psychological quality. In terms of how to decompress, most people choose reading, developing new skills, traveling, learning and talking, while only* 16.92% *of them use other ways to decompress.* 89.23% *of the respondents considered the Odyssey years as a useful tempering and a necessary way to become mature from youth,* 4.62% *thought it was a period of despair in life, and 6.15% thought it was both. About 80% of people focus on their studies, about 47% do part-time jobs while studying, about 32% are busy looking for a partner, and about 36% have been busy looking for a job. Most people think that the most meaningful thing in the Odyssey years is to develop hobbies and learn. 81.54% of college students have confidence to pass the Odyssey years, 18.46% do not have confidence to pass the Odyssey years.*

Discussion/Interpretation of Results

From the above survey, anyone can see that most college students are aware of the existence of such a time and feel confused about it. About how to spend the Odyssey time, we can mainly start from the following five aspects:

Firstly, cultivate the sense of independence, when more and more things need to be solved by ourselves, we can't control ourselves from all kinds of temptation. Without our parents' help, we may make a mess of things, it is because we are used to relying on others. In this case, it is very important to establish a sense of independence and improve the ability to deal with problems.

Besides, cultivate time management ability, be able to reasonably allocate their own time, can make their own life slow down, reduce the generation and accumulation of pressure.

What's more, ask for help. Every time you ask for help, your world expands. We are new to this free but challenging society. When faced with a difficult situation, it is wise to turn to those with experience, such as parents and teachers who are willing to teach you everything.

Furthermore, make a plan. Know why you are doing it and how you are doing it. If you plan nothing, you will get nothing; if you aim nothing, you will hit nothing.

Last but not least, accept yourself. Only by truly loving and appreciating yourself can you gain the strength to move forward and regain confidence in the face of setbacks.

Conclusion

Odyssey years are a life stage that most young people will go through. At this stage, we may feel confused and puzzled. These are normal states of mind. But as long as we relax and use the right methods and tools to try to take the next step, this period will definitely become a stepping stone for us to become a more successful self.

References

[1]黄金乐．浅谈高校新生的“迷茫期”[J]. 中小企业管理与科技，2019,(06):14-15

[2]唐旭．从自我概念浅析大学生迷茫困境[J]. 科教文汇，2015,(09):171

作品点评：从论文内容和结构上看，该篇实验报告是基本符合要求的，但依然存在诸多问题。该报告的摘要仅告知了研究目的，没有完全体现内容摘要的作用，发挥的仅是导入的作用。引言部分的逻辑链条是基本完整的，研究背景和问题糅合在一起，更凸显的是问题：“In the odyssey years, people who are between the ages of 20 and 35 often bear a lot of great pressure, parents' high expectations, peer achievement comparison, difficult employment environment, fast pace of life… Forcing them to rush forward quickly. But often counterproductive, not only do not achieve success, but miss the opportunities around.”研究目的明确：“This is a very critical period, so we want to investigate whether people know this period, and are they ready for it, to help them better through the odyssey years.”，该研究目标在全文贯彻如一，保证了全文良好的宏观逻辑。

在研究方法环节，研究方法明确(questionnaire survey)，研究对象不够清晰(this study investigated the students in Honghu campus of

Xinjiang University)，缺少数量和人群范围描述；介绍了数据收集（We handed the questionnaire out lasting two weeks, to make sure we get enough data.），但数据收集信息不够具体，如缺乏问卷发布和回收时间、发布范围，发布方式，回收数量的描述。

在“研究发现”环节，研究结果和研究目标完全匹配，研究者通过数据了解到同学们对所处的奥德赛阶段的感知、感受，他们对致因的认识以及对如何度过这一时期的见解。研究结果的描述顺序是合理的，符合“从问题认识，到原因分析，最后到问题解决”的逻辑顺序。讨论环节概括总结研究发现，然后提出丰富的建议，但缺少数据背后的原因解读，致使建议横空出世，无所依托。这里存在一个误区，对奥德赛阶段的致因在问卷层面做了调查，相应得到了数据和研究发现，但这并不意味着研究者已经完成了解读数据和原因探索的工作，从调查对象口中获得的原因未必能够准确或正确地阐释问题背后的真正原因。研究者通过文献回顾、数据分析和思考讨论应该提供更深层次的解读，而不是简单归纳总结调查对象的认知。结论部分是简单总结，但显得过于简洁，倾向于作文式表达。“参考文献”格式正确，但在文中并未标注引用。

从研究结果上看，项目小组对“奥德赛年”这一青年人独立前的挣扎阶段有了更为清晰的认知，通过调查了解了同龄人的普遍感受及其对背后原因的自我解读，并针对问题提出了一系列具有建设性意义的措施。该研究由于缺乏对奥德赛年致因的探索，使研究趋于肤浅，也使建议无所依托，但至少能够让处于“奥德赛年”的大学生对自身的困惑有一定程度的了解，有利于他们为之做好心理准备，积极应对。

从语言文字上看，该篇报告语法问题少，衔接连贯比前一篇作品进步很多，体现了作者良好的英语语言基础，但局部语言口语化特征偏强。例如，摘要部分“... the purpose of our survey, just want to know whether ...”；结尾部分文字表达内容空泛，情绪激昂，与学术写作风格不符。

三、实验后续阶段学生作品

作品 3 是实验后续阶段 2022—2023 年大一第一学期的学生作品。在该阶段，不仅要求小组用 PPT 汇报项目成果，而且要求小组每一位成员撰写一份研究报告。鉴于大家的项目成果质量参差，为更好地锻炼大家的写作能力，且让写作具有公平性和对比性，研究者在每个班级挑出最好的研究项目，并将 PPT 分享在班级群，从而保证每个人掌握的都是相同的信息和数据。以此，大家可以对比语言和写作上的差异。另外，为加强学生语言表达能力和衔接连贯意识，在该阶段研究报告撰写中同样禁止学生使用图表。为提高作品成绩的反馈速度，保证衡量标准的稳定性，本次作业采用 U 校园平台收集学生的研究报告。

作品 3（2022—2023 年第一学期）

College Students' Sports Habits

The aim of this report was to learn about college students' sports habit. As the hope of national development and successors of modernization, college students need good physical fitness and good scientific quality. However, it is an indisputable fact that the health level of college students is gradually declining.

Introduction

Nowadays, college students generally sit in classroom, bending down to study and work. Being in this position for a long time and not taking part in physical exercise often leads to various diseases. In order to know what sports habits college students have now, we are going to conduct a survey, which can help them arouse their attention to their own sports while knowing their sports habits.

Research design

An online survey was designed to obtain detailed data. Meanwhile, we conducted online interviews with students in different grades. Then we analyzed the data. The method of comparative analysis is used to collect the data, and the differences of vertical and horizontal are compared. Then, we have a deeper understanding of the data by referring to relevant literature.

A total of 124 questionnaires were distributed, of which 25.81% were male and 74.19% were female. More than half of the respondents were students majoring in science and technology, followed by students majoring in literature and history, accounting for 28.23%.

Findings

Through the survey, we found that 74% of respondents like ball games, followed by bicycle, accounting for 41%. However, the number of people who like martial arts and mountain climbing is relatively small. College students tend to focus more on relatively easy and recreational activities, while the more professional and consuming activities are not so popular.

In terms of the time college students spend on sports, most of them spend half an hour on sports, while only 18% of them spend two hours or more on sports.

From the point of exercise frequency, the number of people who exercise every week and the proportion of people who exercise every day are the largest. It is worth noting that the number of people who exercise once a month is the least, accounting for only about 5%, while the number of people who do not exercise is not large, accounting for 14.52%.

From the perspective of the help of physical education courses. About 79% of the students think that the physical education courses offered will improve their physical fitness. In contrast, 75.81% of students take the initiative to do.

When asked if his physical fitness has changed since high school, 44% of the students think that compared with high school physical quality is equivalent, while the number of people who think that physical quality has decreased and improved is basically equal.

When students look at the issue of college sports, basically all of them believe that more sports should be carried out to strengthen the body.

But still, 41 percent chose to exercise only because their teachers told them to, which proves that most people are not resistant to sports, may be due to external conditions to restrict students to carry out sports.

For this reason, we do further research. When asked why they don't exercise, 37% of students do not play sports because of other recreational means, 30% of students have no free time to play sports because of their busy studies, and 27% of students are not keen on sports.

Discussion

As for the contradictions between students' views and practices, we can see some of the sources behind these problems.

Firstly, College physical education lacks systematic evaluation system. In colleges, physical education has gradually become a way for college students to get credits in the examination, thus losing its essential meaning.

Secondly, The influence of parents' educational concepts. Many parents blindly let their children focus on learning, resulting in many students early to lose interest in physical exercise.

As for the meaning of sports, comparing with the requirements for young people in the Outline of the National Fitness Program, we cannot find the profound significance of physical education. Exercise plays an important role in promoting physical fitness. It can promote physical and mental health and cultivate an active lifestyle. It is of profound significance to cultivate students' good sports habits in the university stage so that they can form their own lifelong sports habits according to their own interests and hobbies for the improvement of people's physical quality and the development of social undertakings.

Suggestions

Join a sports club. Interest-oriented, according to their own will to participate in the extracurricular exercise outside of PE class.

Participate in competitions at all levels and increase the frequency of participation in sports activities. Find the most suitable direction for their own development, long-term investment.

Find a sport that suits you, set clear goals and plans, and stick to it. Learn to supply nutrition reasonably.

Share sports with your family and friends, so that everyone can love sports together.

Conclusion

As students' physical quality is paid more and more attention, the education system of physical education supporting the university is becoming more and more perfect.

From the above, we can obviously realize that college students' energy spent on sports has been significantly improved, and meanwhile, the past slack has been replaced by regular sports. On the other hand, we also find that college students' sports are more diversified from rules to interest orientation.

In this study, we aim to understand the sports habits of contemporary college students and find directions for future work. Our research has preliminarily completed the task, and we have a relatively comprehensive grasp of the real situation and give valuable suggestions. For college students, although they can't solve institutional problems such as sports facilities, we can explore our own long tasks in daily sports activities, put down our mobile phones, and reshape our bodies and minds in outdoor sports.

However, there are still defects in our research, and the research objects are not representative. In the future, we will broaden the samples, collect samples from various regions and balance variables of gender, specialty and other variables to obtain more scientific research results.

作品点评：从论文内容和结构上看，该篇实验报告是基本符合要求的，但依然存在较多问题。该报告的摘要直接告知了研究目的："The aim of this report was to learn about college students' sports habit."引出了问题："the health level of college students is gradually declining"，没有研究方法，没有研究结果，发挥的依然是导入的作用。引言部分的逻辑链条是完整的，研究背景："Nowadays, college students generally sit in classroom, bending down to study and work."问题（problem）："Being in this position for a long time and not taking part in physical exercise often leads to various diseases."研究目的明确："In order to know what sports habits college students have now, we are going to conduct a survey, which can help them arouse their attention to their own sports while knowing their sports habits."该研究目标未能覆盖其研究内容，在研究发现中，尤其是在讨论中，运动习惯的致因是重要研究内容，但这个研究内容未能体现在研究目标上。

该报告的研究设计在三个学生作品中是最优秀的。

研究方法明确："An online survey was designed to obtain detailed data. Meanwhile, we conducted online interviews with students in different grades."研究对象虽然代表力不足，但描述清晰。此外，该环节未介绍数据收集。

在"研究发现"环节，基本表达方式是一个问卷的问题对应一个数据描述，表达碎片，缺少归纳。讨论环节是这个研究报告的内容亮点，研究者通过数据对比发现了受试者观点与行动的矛盾性（the contradictions between students' views and practices），由此引发了研究者探索背后原因的兴趣。研究者从三个方面揭示了矛盾致因：学校评估体系的缺陷，家庭对学业的疯狂追逐，体育锻炼意义在教育类纲要性文件中阐释的缺失。这个致因的挖掘是具有一定深度的。接下来的建议应该基于原因的挖掘，但研究者却转而面向大学生提出一系列具体的建议，这实际上存在逻辑断裂。研究者作为大学生中的一员，自觉无力改变什么，因此只能向自我提出建议。这里建议研究者提供解释性文字以弥补"原因"与"建议"之间的逻辑裂痕。报告结论部分在三个学生作品中亦是表达最完整的，从概括总结回答研究问题，到研究的价值与缺陷评价，到最后为未来提出研究建议，可谓面面俱到。该报告未提供"参考文献"，文中也无引用标注，这与作业要求不够明确有关，同类作业也普遍出现了这个问题。

从研究结果上看，项目小组对大学生运动习惯有了概貌式的了解，对习惯背后的原因有了深度的思考，并提出了切实可行的建议，由此增强了自身的体育锻炼意识。

从语言文字上看，该篇报告的语法问题从行文长度上来讲不算多，衔接连贯从外部看基本还不错，词汇和句法具有一定的多样性和复杂性，体现了作者较好的英语语言基础。但局部语言表达欠凝练，可进一步优化。

第三节　学生作品语言问题分析

如上三个作品的质量从纵向来看是螺旋式上升的，这与教师辅导及评估手段的优化密切相关。如下是对实验第一阶段和第二阶段初期的十篇研究报告在衔接连贯方面的研究。十篇研究报告基本采用随机抽取的方法，五篇带图表，五篇不带图表，字数总计达 11630 字，平均长度为 1163 字。研究报告内容涉及大学生恋爱观、专业选择、就业等。之所以分析衔接连贯，是因为英汉语言习惯的差异造成我国学生的英语习作普遍存在该问题。此外，学生的研究报告基本由 PPT 转化生成，衔接连贯也成为语言方面的显著问题。

衔接与连贯理论最早由韩礼德（Halliday M. A. K.）和哈桑（Hasan Ruqaiya）于 1976 年在《英语的衔接》（*Cohesion in English*）中提出。自此，语篇的衔接与连贯一直都是语篇分析的热门话题。衔接这一术语通常指的是诸如指称、替代、省略、连接、重复、同义、反义、转喻等表层语篇特征。连贯指的是语篇中某一部分信息的相关性。苗兴伟（1998）总结衔接是语篇表层结构形式之间的语义关系，连贯则是语篇深层的语义或功能连接关系。张德禄（2006）根据 Campbell 的研究提出了六种语篇连贯的模式，并讨论了它们在语篇整体连贯中的作用和关系。杜慧颖和蔡金亭（2013）使用 Coh-Metrix 文本分析器考察了影响我国英语专业大学生议论文写作质量的语言特征。在更高层次上，语篇和读者对语篇的心理表征之间的关系也广泛被研究（范迪克，1983；苗兴伟，1999）。几十年的研究证明，读者本身的心理结构和连贯过程也会影响文本的可读性和读者理解的程度。

一、分析方法

研究采用Coh-Metrix文本分析器对语料进行统计和分析。Coh-Metrix是由麦克纳马拉(McNamara)和其同事设计的一种计算工具,旨在分析语篇中衔接和连贯的特征。它以韩礼德和哈桑的理论框架为基础,结合了计算语言学、语料库语言学和信息检索等领域的自然语言分析技术。在Coh-Metrix的106项测量中与衔接与连贯相关的有如下三类:指称衔接,潜在语义分析和连接词。

通过Coh-Metrix对语料进行自动分析,得出文本衔接与连贯的特征,然后使用SPSS对三种衔接手段指数的平均值和标准差进行处理和分析,之后运用衔接与连贯理论对数据进行解读和讨论。具体操作步骤如下:首先,将十篇研究报告分别导入至Coh-Metrix,每篇文章的输出都是以文本的格式下载并保存。本研究共选取部分衡量衔接与连贯的指标进行分析,每篇研究报告的分析结果均被录入Excel保存,便于下一步分析。然后,作者运用SPSS计算了三种衔接手段的平均值和标准差,用于检验研究报告中衔接与连贯的使用水平。运用SPSS中的单样本检验对样本指标值与常模的差异进行显著性检验。最后结合衔接与连贯理论对研究发现进行阐释,分析致因,并为教学指导提出建议。

二、分析结果:研究报告的衔接与连贯总体特征

为了检验研究报告中衔接与连贯的使用水平,笔者通过SPSS计算了三种衔接手段的平均值和标准差,如表5-1。

表5-1 衔接与连贯相关指数的平均值和标准差

		平均值	标准差
指称衔接	名词重叠,相邻句子,二进制,平均值	0.319	0.061
	论元重叠,相邻句子,二进制,平均值	0.450	0.112
	词干重叠,相邻句子,二进制,平均值	0.418	0.088

续表

		平均值	标准差
指称衔接	名词重叠,所有句子,二进制,平均值	0.231	0.064
	论元重叠,所有句子,二进制,平均值	0.326	0.092
	词干重叠,所有句子,二进制,平均值	0.303	0.093
	实词重叠,相邻句子,比例,平均值	0.094	0.032
	实词重叠,所有句子,比例,平均值	0.059	0.021
潜在语义分析	LSA 重叠,相邻句子,平均值	0.175	0.042
	LSA 重叠,段落中的所有句子,平均值	0.181	0.055
	LSA 重叠,相邻段落,平均值	0.202	0.056
	LSA 给定/新,句子,平均值	0.310	0.027
连接词	所有连接词发生率	92.825	8.864
	因果连接词发生率	31.222	10.517
	逻辑连接词发生率	34.286	8.220
	对立连接词和对比连接词的出现率	17.019	5.809
	时间连接词发生率	11.676	3.884
	扩展时间连接词发生率	22.317	6.871
	附加连接词发生率	55.209	7.733

(一)指称衔接

衔接是指联系上下文的语言机制,通过词汇和语法实现(Halliday,1976)。使用 Coh-Metrix 统计相邻句子(局部重叠)和所有句子(全局重叠)的名词、论元、词干(语素单位)和实词的重叠来检验四种主要类型的词汇共指。如表 5-1 所示,数值越高表示报告中的共指和衔接更强。

根据表 5-1,我们可以看出研究报告中使用了多种衔接手段,但不同手段的使用分布差异较大。在八组指称衔接中,论元重叠达 45%排名第一。也就是说,近 45%的相邻句子至少包含一个论元重叠。

在指称衔接的各项指标中,名词重叠是最严苛的,因为名词必须在形式和复数上完全相同。在测量上,如果两个句子共用同一个名词,则用数字“1”表示；反之，则用数字“0”表示。10篇研究报告中，名词重叠百分比为20%。这意味着每个研究报告中的所有句子至少共享两个普通名词，没有任何形态变化。通过查看研究报告，发现最常见的名词是“students”和“love”。根据AntConc分析的词表，在虚词“the”“and”“of”“to”“in”之后，“students”以201次的出现频率在所有研究报告中排名第六。

At the same time, it can be heard on campus that many ***students*** encounter difficulties in professional learning and are confused about the future. A considerable number of these ***students*** are freshmen.

上例展现了相邻句子中的名词重叠。局部名词重叠在研究报告中平均分数仅为0.319。根据SPSS中的单样本、T检验，样本中名词重叠显著高于平均值($p<0.01$)。全局名词重叠的情况与局部名词重叠的情况各有不同。

论元重叠和词干重叠相关的度量不如名词重叠严苛。论元重叠是指某句子中的论元与另一个句子中的论元之间存在互指关系，通过这种互指关系可以在句子间建立连贯性(Graesser et al., 2004)。例如，在“Life is half spent before we know what it is.”中，名词Life与后面的代词it这两个论元之间存在互指关系，称为论元重叠。词干重叠主要是通过分析不同句子中的词形变化来测量句子中的连贯性(Graesser et al., 2004)。例如，在“Don't trouble trouble till trouble troubles you.”中，trouble和troubles两词的词干相同，存在词干重叠。

In the final analysis, college ***students'*** confidence in the future is due to the stable development of society and country. Moreover, the reasonable treatment of college ***students*** also proves that Marxism is deeply rooted in the hearts of the people.

我们可以看出，在两个连续的句子中，常见的名词“students”可以分为论元重叠和词干重叠。类似的现象还有很多，如“study”和“studying”“different”和“difference”“survey”和“surveyed”等。

如表5-1所示，相邻句子和所有句子中的实词重叠分别为9.6%和5.9%，相对于其他指标较低。这是由于实词重叠指标是显性实词重叠的比例来计算的。根据Coh-Metrix数据显示，样本句子平均长度为18.889个单词，因此平均每个句子有1.813个实词与前一个句子重叠，每个句子有1.114个实词与其他任何句子重叠。

(二)潜在语义分析

潜在语义分析(LSA)是一种表示广义知识的数学和统计方法,在Coh-Metrix中是一种被用作语义衔接和连贯的衡量方法。LSA在Coh-Metrix中的应用在于在情境模型的层面上计算语篇连贯(Mcnamara et al.,2014),计算整个文本中相邻句子之间、段落中所有可能的句子对之间、相邻段落之间以及文本中给定信息与新信息之间的LSA相似性得分。如句子中"love"会与"relationship""time""freedom"等词有很高的语义重叠。

LSA给定/新指标是指当研究报告中已知信息越多,新信息越少时,指数越接近1,表明文章的衔接与连贯程度越高。下例是从样本中LSA给定/新信息重叠倒数第一中提取的,新信息只存在一次,在上下文中无法追溯,如"epidemic"。

Affected by the ***epidemic***, there are few large-scale activities and lack of communication among students. Thus, there are fewer opportunities for natural love.

由表5-1可知,相邻段落之间的LSA重叠(0.202)高于相邻句子(0.175)和段落中所有句子(0.181)。换句话说,学生更注重段落间的语义衔接与连贯,而并非句子间的。

(三)连接词

连接词在建立观点和分句之间的衔接联系方面发挥着重要作用。学界对连接词的普遍认识是,连接词承担了句子之间的逻辑意义,是形式化的标记,功能上服务于语篇的衔接与连贯(马艳颖等,2020)。Coh-Metrix为所有连接词(CNCAll)以及不同类型的连接词提供了发生率得分(每1000个单词发生一次)。索引提供了五大类连接词(Halliday & Hasan,1976):因果(CNCCaus because, so),逻辑(CNCLogicand, or),转折/对比(CNCADC although, whereas),时态(CNCTemp, CNCTempx first, until)和加法(CNCAdd although, whereas)。此外,阳性连接词(CNCPos also, moreover)和否定连接词(CNCNeg however, but)。Coh-Metrix将这些连接词分为五大类型:因果、逻辑,转折/对比、时间和附加。因果连接词提醒读者在两个文本成分之间存在因果关系，如“因为”和“所以”。逻辑连接词包括“或”“和”“非”和“如果……那么”组合的变体。转折/对比连接词揭示了与预期相反的情况。时间连接词提示读者应该注意文本片段之间的时间顺序，如“之前”和“之后”。附加连接词给读者两个文本摘录需要捆绑在一起的提示，如“也”“进一步”等。

结合数据发现附加类连接词排名最高(55.209)，占连接词使用量一半以上。逻辑连词排在第二位(34.286)，而时间连词排在最后(11.676)。表5-2列举了研究报告中较常见的连接词。

表5-2　样本中较常见的连接词

序号	数量	连接词	类型
1	430	and	附加/逻辑
2	42	but	转折/对比
3	38	when	时间
4	35	or	附加/逻辑
5	25	so	因果
6	17	than	对比
7	15	though	转折/对比
8	11	because	因果

如上分析表明：(1)研究报告中指称衔接度总体偏低，共指和衔接弱。例如名词重叠百分比达20%，且没有任何形式的变化，这和研究报告这个文本类型具有一定的相关性。此外，指称衔接中，论元重叠排名最高，约45%的相邻句子包含一个论元重叠。证明学生在研究报告文本写作中，句法简约度高，单词具体性单一，同义替换少。(2)潜语义分析指标整体偏低，包括相邻句子的语义相似度、段落内所有句子的语义相似度、相邻段落得语义相似度，这表明文章语义空间紧凑度有待提高，行文内部语义联系较为松散，且学生相较于句子间的语义衔接而言，更注重段落间的语义衔接。(3)连接词方面，结合数据发现报告中附加类连接词排名最高，逻辑连词次之，时间连词排在最后(文本类型所致)。由此，连接词方面，学生多倾向于单一的附加，且连接词使用过分单一，此外句子之间逻辑衔接弱。

简而言之,学生撰写的英语研究报告普遍存在逻辑衔接不足、条理性弱、分析能力有限、文章结构松散等问题。究其原因,内部原因有:(1)汉语表达习惯的干扰,学生在二语写作过程中都无一例外地存在或多或少的语码转换现象(Cureming,1989)。相比较而言,汉语重意合,英文重形合,因此形式上的衔接与连贯不足是中国学生英文写作中普遍存在的问题。(2)在该教学实验中,学生首先完成的是用PPT进行汇报,然后撰写研究报告,因此存在二次语码转换的问题。PPT制作要求结构醒目、表达简洁、重点突出,借助标题、图形、动画、链接,甚至颜色、字体等手段建立逻辑,报告的衔接与连贯需要由汇报者通过口述的方式完成。由PPT生成的文章在丧失图形、颜色、字体等辅助手段后,如果不注意语篇的衔接连贯,必然会大大降低文章的可读性。外部原因有:(1)学生练笔少,从未撰写过类似长度的英语文章,写作经验匮乏。(2)撰写研究报告本身对大学一年级学生来讲就是有难度的,因此学生在内容上投入了较多的注意力,在语言层面给予的关注较少。(3)在该实验阶段,有关研究报告撰写语言层面的指导和训练是基本缺失的。

三、分析后的反思

衔接是实现语句、语篇连贯的重要手段,反映着行文中的语句是否有机联系和符合逻辑的发展。句子间的衔接与语段之间的连贯,对于学生行文是否流畅,是否符合一般逻辑思维规律至关重要。结合Coh-Metrix研究分析,我们发现学生衔接与连贯手段使用整体偏低。因此,除去外部因素的干扰,教师在辅导中应注重分析研究报告中的句子,段落间的衔接与连贯方式,以及文章的宏观架构及衔接方式,引导学生对比汉英思维,了解汉英语言结构的差异,熟悉并掌握基本理论和衔接与连贯的手段。

第六章　教学实验效果调查

为了解教学实验效果，需要对实验班学生展开效果调查。课题采用定量研究（问卷调查）和定性研究（采访、学生日志、案例分析）相结合的方法展开效果调查。考虑到期末学生面临期末考试以及四级英语考试，会比较忙碌，因此将调查研究提前至在第二实验阶段的中后期，即第 10 教学周（总计 16 周），但实际情况是第 10 周学生开运动会，部分实验班在晚上进行军训，学生非常疲惫和忙碌，所以或多或少会对调查研究造成影响。

第一节　实验效果调查设计

一、调查方法

调查问卷和采访问题的设计与拟制由以实验教师为主的课题组成员完成，用以分析的案例将从两个实验阶段的学生作品中采集。调查的实施和初步研究由各实验班负责第一单元的项目小组完成。在实验教师的教学计划中第一单元教学和项目展示统一推迟至第十周。第一单元主题是有关对英语语言学习的反思，这和实验教学效果调查的目的一致，因此课题组将实验教学效果调查设计为一个小组项目，由学生项目小组实施问卷调查和采访，并对回收的数据展开分析和讨论，各实验班项目小组的研究发现和讨论结果将为本课题组的“教学实验效果调查”提供丰富多样的学生视角，并大大增加了采访的覆盖面（采访内容基于实验教师提供的采访问题，学生项目小组可根据自身研究需求和采访情境自行修改或创建)。因此,本次“教学实验效果调查”实际上是由教师(课题组成员)和学生(实验班第一单元项目小组)共同完成的。

二、调查对象

问卷调查和访谈的主体为2021级大学英语B课程的17个实验班级(大学一年级第二学期):纺服英语21-1、纺服英语21-2、数学英语21-2、文学英语21-1、物理英语21-1、物理英语21-3、信息英语21-7、政管英语21-1、政管英语21-2、经管英语21-2、法学英语21-2、化工英语21-5、经管英语21-6、历史英语21-2、电气英语21-6、新闻英语21-1、机械英语21-5。

三、调查时间与调查手段

课题组借助问卷星平台导入调查问卷,生成二维码,于2022年4月16日在如上班级群发放问卷二维码,4月20日回收问卷,共计回收有效问卷513份。调查采访时间由项目小组自行决定,大多采用的是视频采访的方式。

四、调查问卷

调查问卷问题总计二十题,根据题型分为两类:量表题(6道),多选题(14道);根据调查内容分为五个模块:(1)对项目式学习的态度;(2)项目式学习带来的收获;(3)项目式学习存在的问题;(4)对项目式学习的期待;(5)有关项目式学习的评价。具体问题如下:

表6-1　项目课程设计下学生态度与能力发展调查问卷

1.[量表题]我对英语课程中的“小组课题合作项目”的学习方法,我的态度是:
2.[量表题]我对做项目的(兴趣)感受是:
3.[量表题]在小组做项目的实践中,我一直积极参与,保持较高的积极性:
4.[量表题]我对我们小组完成的项目:
5.[量表题]老师对小组项目的点评,我认为:

续表

6.[量表题]我认为小组课题合作项目启蒙了我的学术研究,培育了我开展学术研究的基本素养。
7.[多选题]通过做项目,我的这些能力得到了显著的提升:
8.[多选题]通过项目课题实践,我学会了:
9.[多选题]通过项目实践,我的这些思维能力得到了提高:
10.[多选题]通过项目实践,我的这些技术得到了锻炼和发展:
11.[多选题]在项目实践中,我认为这些能力对我最有帮助的:
12.[多选题]我们在项目设计时,最希望达成这样的目标:
13.[多选题]在小组课题项目实践过程中,下列哪些困难或问题是最突出的?
14.[多选题]如果下次还有机会做项目,我认为最需要注意这些环节:
15.[多选题]我对做项目的期待是:
16.[多选题]在做项目过程中,需要和团队成员进行频繁交流。在交流中,如下品质中我认为最重要的是:
17.[多选题]在和团队成员的交流过程中,我努力做到了哪些?
18.[多选题]在访谈环节,需要注意的问题有哪些?
19.[多选题]我认为做项目的意义在于:
20.[多选题]我认为如下这些做法会成为我做项目的重要动力:

五、采访问题

采访问题的设计目的主要是了解学生针对项目式学习的意见和建议,了解项目式教学给学生带来的影响,主要包括能力发展和思想认识方面,具体问题设计如下:

表 6-2　项目课程设计下学生态度与能力发展采访问题

1. 在英语课程中,大家完成了一些简单的课题研究项目,请问你对课程中的这些活动的安排与设计有什么突出的想法?
2. 你在研究实践中做了哪些工作?你觉得通过课题实践,你的哪些能力得到了发展与锻炼?
3. 咱们的研究项目围绕与教材单元主题相关的话题展开调查和分析,通过获取的数据,通过小组进行的分析和讨论,你对这些话题的认识有何变化?可以举个例子吗?

续表

4. 你喜欢做课题研究吗？如果还有机会组织或参与，你对自己的期待是什么？你对老师的期待是什么？你对课题的研究内容有什么期待，有什么建议，也就是你还希望研究讨论什么？ 5. 你认为课题研究实践是否有助于你的专业学习和学术素养的提升？能否举例说明？

第二节　实验效果调查结果

一、问卷量表数据的信度和效度

针对调查问卷中量表题的回收数据，课题组利用 SPSS 软件进行了信度和效度分析，分析结果如下：

表 6-3　Cronbach 信度分析

名　称	校正项总计相关性（CITC）	项已删除的 α 系数	Cronbach α 系数
1. 我对英语课程中的“小组课题合作项目”的学习方法，我的态度是：	0.739	0.877	0.897
2. 我对做项目的（兴趣）感受是：	0.738	0.876	
3. 在小组做项目的实践中，我一直积极参与，保持较高的积极性：	0.714	0.880	
4. 我对我们小组完成的项目：	0.675	0.885	
5. 老师对小组项目的点评，我认为：	0.666	0.887	
6. 我认为小组课题合作项目启蒙了我的学术研究，培育了我开展学术研究的基本素养。	0.807	0.865	

注：标准化 Cronbach α 系数为 0.897

从表 6-3 可知：信度系数值为 0.897，大于 0.8，因而说明研究数据信度质量高。针对“项已删除的 α 系数”，任意题项被删除后，信度系数并不会有明显的上升，因此说明题项不应该被删除处理。针对“CITC 值”，分析项的 CITC 值均大于 0.4，说明分析项之间具有良好的相关关系，同时也说明信度水平良好。综上所述，研究数据信度系数值高于 0.8，综合说明数据信度质量高，可用于进一步分析。

表 6-4　KMO 和 Bartlett 的检验

KMO 值		0.894
Bartlett 球形度检验	近似卡方	1710.420
	df	15
	p 值	0.000

使用 KMO 和 Bartlett 检验进行效度验证，从表 6-4 可以看出：KMO 值为 0.894，KMO 值大于 0.8，研究数据非常适合提取信息（从侧面反映出效度很好）。

二、问卷调查结果

问卷调查结果按照五个内容模块（态度、收获、问题、期待、评价）展示。“态度”体现出学生对项目式教学的认可度和配合度；“收获”体现该教学法给同学带来的具体提升，包括英语学习、技能、能力、思维、学术素养等；“问题”一方面体现学生在项目实践中遇到的困难困惑，另一方面为项目教学设计与辅导提供优化的方向；“期待”“评价”和体现学生心理需求，为未来项目设计、教师关注和评价手段提供重要参考。

(一)有关学生对项目式教学的态度

表 6-5 (态度 1)我对英语课程中的“小组课题合作项目”的学习方法,我的态度是[量表题]

选项	小计	比例
非常不认可	16	3.12%
不认可	12	2.34%
一般	100	19.49%
认可	162	31.58%
非常认可	223	43.47%
本题有效填写人次	513	
本题平均分:4.1		

对“小组课题合作项目”的学习方法是较为认可的:认可率达到75.05%,不认可的比例占5.46%。

表 6-6 (态度 2)我对做项目的(兴趣)感受是[量表题]

选项	小计	比例
非常无趣	15	2.92%
无趣	27	5.26%
一般	190	37.04%
有趣	184	35.87%
非常有趣	97	18.91%
本题有效填写人次	513	
本题平均分:3.63		

多半学生认为做项目有趣,认为有趣的达到54.78%。认为无趣的比例占8.18%。结合上题数据与采访数据,一方面说明项目设计与拟制存在较大上升空间;另一方面说明学生有较为强烈的表达和诉说的需求,他们希望能够自己拟题,做自己感兴趣的事。

表 6-7　(态度 3)在小组做项目的实践中,我一直积极参与,保持较高的积极性[量表题]

选项	小计	比例
非常不赞同	5	0.97%
不赞同	10	1.95%
一般	128	24.95%
赞同	225	43.86%
非常赞同	145	28.27%
本题有效填写人次	513	
本题平均分:3.96		

积极参与项目实践的比例达 72.13%。参与不积极的比例达 2.92%。

(二)有关项目式教学法给同学们带来的收获

表 6-8　(收获 1)我认为做项目的意义在于[多选题]

选项	小计	比例
增加英语学习的兴趣	257	50.1%
树立团队合作的意识	338	65.89%
增强逻辑意识	238	46.39%
学会一些技能,如制作 PPT 和使用问卷星	239	46.59%
意识到沟通和交流的重要性	116	22.61%
对研究的话题有了更理性的认识	70	13.65%
培养理性的思维习惯,不轻易下结论、做判断	81	15.79%
本题有效填写人次	513	

首先,意义侧面体现了项目式学习带来的增益。学生认为做项目的意义在于:65.89%认为是“树立团队合作意识”,50.1%认为是“增加英语学习的兴趣”。其次,在“增强逻辑意识”和“学会一些技能”方面学生也表

达出较高的认同度。有关理性思维和理性认知的认同度略低，理性思维的培养是长期的，数量有限的项目实践也许很难让较多同学达到这个目标。

表 6-9 （收获 2）通过项目实践，我的这些技术得到了锻炼和发展[多选题]

选项	小计	比例
PPT 设计与制作	367	71.54%
视频剪辑与合成	287	55.95%
图表设计与运用	303	59.06%
制作网络问卷	302	58.87%
拍摄照片与视频	229	44.64%
本题有效填写人次	513	

通过项目实践，“PPT 设计与制作”得到了最为突出的锻炼和发展，认可度较高的技能还有“图表设计与运用”“制作网络问卷”“视频剪辑与合成”。

表 6-10 （收获 3）通过项目实践，我的这些思维能力得到了提高[多选题]

选项	小计	比例
因果推导的能力	304	59.26%
归纳总结的能力	371	72.32%
对比分析的能力	332	64.72%
辩证分析的能力	274	53.41%
信息分类整合的能力	313	61.01%
逻辑思维的能力	241	46.98%
其他	2	0.39%
本题有效填写人次	513	

通过项目实践，学生的多项思维能力得到了发展与提高，最突出的是“归纳总结的能力”，认可度较高的还有“对比分析的能力”“信息分类

整合能力”“因果推导能力”“辩证分析能力”和“逻辑思维能力”。

表 6-11　(收获 4)通过做项目,我的这些能力得到了显著提升[多选题]

选项	小计	比例
英语应用能力	338	65.89%
逻辑思维能力	346	67.45%
沟通表达能力	349	68.03%
解决问题能力	275	53.61%
团队协作能力	392	76.41%
科学研究能力	168	32.75%
创新能力	185	36.06%
审美能力	204	39.77%
评价能力	204	39.77%
本题有效填写人次	513	

PBL 在训练了学生高阶思维的同时,其他能力也得到了一定的提升,其中“团队协作能力”的提升最为显著,认可度较高的还有“沟通表达能力”“逻辑思维能力”“英语应用能力”和“解决问题的能力”。

表 6-12　(收获 5)我认为小组课题合作项目启蒙了我的学术研究,培育了我开展学术研究的基本素养[量表题]

选项	小计	比例
非常不赞同	9	1.75%
不赞同	11	2.14%
一般	142	27.68%
赞同	228	44.44%
非常赞同	123	23.98%
本题有效填写人次	513	

在调查的 513 名学生中有 68.42% 的学生赞同小组课题合作项目启蒙了他们的学术研究,培育了他们开展学术研究的基本素养,不认同

的仅占3.89%。

表6-13 (收获6)在项目实践中,我认为这些能力对我最有帮助[多选题]

选项	小计	比例
独立思考,深入推进的能力	274	53.41%
整理数据,分析问题的能力	299	58.28%
逻辑思维,整合要素的能力	244	47.56%
擅长倾听,善于交流的能力	162	31.58%
组织、合作、包容、配合的能力	180	35.09%
PPT设计和制作的能力	153	29.82%
英语应用的能力	68	13.26%
其他	1	0.19%
本题有效填写人次	513	

学生大多认为“整理数据,分析问题的能力”在项目实践中最为重要的。此外,认可度较高的还有“独立思考、深入推进的能力”“逻辑思维、整合要素的能力”。

(三)有关学生在项目式学习过程中遇到的问题

表6-14 (问题1)在小组课题项目实践过程中,下列哪些困难或问题是突出的[多选题]

选项	小计	比例
不知道如何设计项目	163	31.77%
前期项目设计不合理,后期无法推进	200	38.99%
问卷问题设计不佳,无法获取有价值的数据	209	40.74%
不知道如何深入分析和讨论数据	194	37.82%
文献工作不足,视域狭窄	190	37.04%

续表

选项	小计	比例
制作英文 PPT 的能力不足	142	27.68%
团队讨论分歧大,意见不统一	40	7.8%
团队工作缺乏计划、组织和协作精神,工作态度不认真,缺乏责任感	78	15.2%
其他	3	0.58%
本题有效填写人次	513	

学生在前期所遇到的问题较多,导致他们后期无法推进。具体包括:文献工作不足,不知道如何设计项目,无法获取有价值信息同时不知道如何深入分析与讨论数据。这些困难和问题的认同度都不是很高,没有超过一半比例的,基本在30%—40%之间。

表6-15　(问题2)如果下次还有机会做项目,我认为最需要注意这些环节[多选题]

选项	小计	比例
为后期得以顺利推进,前期项目设计要合理	264	51.46%
问卷问题一定要围绕研究目标展开	225	43.86%
问卷问题和选项一定要精心设计以获取有价值的数据	290	56.53%
早做准备,早完成,多修改	272	53.02%
分工明确,齐心协力,人尽其用	220	42.88%
搜集足够的文献和资料	112	21.83%
课堂汇报者要提前反复练习	70	13.65%
PPT 要制作精良,逻辑清晰,美观大方	133	25.93%
其他	1	0.19%
本题有效填写人次	513	

下次做项目最需要注意的环节，针对这一问题，学生认同度最高的是“问卷问题和选项一定要精心设计以获取有价值的数据”，达到 56.53%，这说明学生在实践过程中因问卷不佳导致后期研究分析空间有限的问题较为普遍。与此相符的选项“为后期得以顺利推进，前期项目设计要合理”认同度也达到 51.46%。“早做准备，早完成，多修改”认同度仅次于问卷问题，说明大多项目小组研究工作起步比较晚，后期比较仓促。

表 6-16 (问题 3)在访谈环节，需要注意的问题有哪些[多选题]

选项	小计	比例
采访的问题要有针对性	321	62.57%
采访目标的选定要有代表性	280	54.58%
采访内容要循序渐进、逐步深入	344	67.06%
采访方式要礼貌大方	189	36.84%
尊重受访者的要求	176	34.31%
选择合适的录音或拍摄软件	50	9.75%
其他	0	0%
本题有效填写人次	513	

有关采访，67.06%的同学认为“采访内容要循序渐进、逐步深入”，62.57%的同学认为“采访的问题要有针对性”，54.58%的同学认为“采访目标的选定要有代表性”。

表 6-17 (问题 4)在做项目过程中，需要和团队成员进行频繁交流。在交流中，如下品质中我认为最重要的是[多选题]

选项	小计	比例
善于聆听	276	53.8%
灵活的交流策略，如当意识到自己的风格和情绪对他人和推进项目产生影响时，能快速调整方式，缓解人际冲突	413	80.51%
坚持自己的想法，同时对别人保持尊重的态度	225	43.86%
不固执己见，善于采纳建议	180	35.09%

续表

选项	小计	比例
讲文明，讲礼貌	103	20.08%
理性阐释观点，不带情绪	134	26.12%
其他	4	0.78%
本题有效填写人次	513	

有关团队合作“灵活的交流策略”被认为是最重要的，认同率高达80.51%，其次“善于聆听”的认同率也达到53.8%。

表6-18　(问题5)在和团队成员的交流过程中，我努力做到了哪些[多选题]

选项	小计	比例
善于聆听	295	57.5%
灵活的交流策略，如：当意识到自己的风格和情绪对他人和推进项目产生影响时，能快速调整方式，缓解人际冲突	337	65.69%
坚持自己的想法，同时对别人保持尊重的态度	219	42.69%
不固执己见，善于采纳建议	191	37.23%
讲文明，讲礼貌	150	29.24%
理性阐释观点，不带情绪	112	21.83%
其他	1	0.19%
本题有效填写人次	513	

在和团队成员交流过程中，65.69%的同学们努力做到了“灵活的交流策略”，57.5%的同学做到了“善于聆听”。与上一题对比发现认为“灵活的交流策略”重要的有80.51%，但能做到的占65.69%，说明部分同学并不具备这个能力。而数据差距显示“理性阐释观点，不带情绪”也不容易做到。

(四)有关学生对项目式学习的期待

表 6-19　(期待 1)我对做项目的期待是[多选题]

选项	小计	比例
提高英语水平	356	69.4%
提高社交能力	285	55.56%
提高团队协作能力	359	69.98%
扩大知识面	298	58.09%
课题项目更轻松有趣	235	45.81%
选题自由,可以自主选择	184	35.87%
其他	4	0.78%
本题有效填写人次	513	

学生对项目学习最大的期待是提高团队协作能力(69.98%)和提高英语水平(69.4%),对“扩大知识面”和“提高社交能力”的期待也比较大,分别达到 58.09%和 55.56%。

表 6-20　(期待 2)我们在项目设计时,最希望达成这样的目标[多选题]

选项	小计	比例
完成作业,获得相应平时成绩	214	41.72%
完成高质量的研究性作业,获得同学和老师认可	344	67.06%
突出小组特色,彰显个性	174	33.92%
实现团队融洽	152	29.63%
获得对讨论问题的深入理性的认知	85	16.57%
其他	0	0%
本题有效填写人次	513	

在项目设计时,学生最想达成“完成高质量研究性作品,获得同学和老师的认可”这一目标,而“获得对讨论问题的深入理性认知”的数量却

最少,学生仅仅将项目学习当作学习任务,还没有将其当作是一种学习渠道,还未清晰认知自己是学习主体。

(五)有关评价

表 6-21 (评价 1)我对我们小组完成的项目[量表题]

选项	小计	比例
非常不满意	6	1.17%
不满意	9	1.75%
一般	108	21.05%
满意	210	40.94%
非常满意	180	35.09%
本题有效填写人次	513	
本题平均分:4.07		

对本小组完成的项目满意度达 76.03%,不满意的达 2.92%。

表 6-22 (评价 2)老师对小组项目的点评,我认为[量表题]

选项	小计	比例
一点都不重要	6	1.17%
不重要	3	0.58%
一般	69	13.45%
重要	196	38.21%
非常重要	239	46.69%
本题有效填写人次	513	
本题平均分:4.28		

学生认为老师对小组项目的点评重要的高达 84.9%,不认同的仅占 1.75%。

表 6-23 (评价 3)我认为如下这些做法会成为我做项目的重要动力[多选题]

选项	小计	比例
老师客观认真的点评	396	77.19%
同学的赞赏	357	69.59%
成为同一单元众多班级的最佳作品并得到展示	320	62.38%
在更高平台参加比赛	181	35.28%
平时成绩加分	257	50.1%
实物奖励	91	17.74%
本题有效填写人次	513	

做项目最重要的推动力显然是“老师客观认真的点评”,认同率达到77.19%,这一调查结果和上一题相符(认为教师点评重要)。其次是“同学的赞赏”,认同率也高达69.59%。还有就是成为该单元最佳作品和获得平时成绩的加分。

三、采访调查结果

为获取有关“项目式教学实验效果”更为深入的数据,各实验班第一单元项目小组对本英语班同学展开了视频采访,经过对视频采访数据提取,分类整合和归纳总结,调查结果呈现如下。

(一)喜欢项目式学习

当问到同学们是否喜欢课题研究的时候,绝大多数同学的反应都是特别喜欢,因为大家都喜欢在实践过程中提高自己的能力,喜欢与同学们深入交流讨论,喜欢广泛地听取意见。一位同学这样说:“我是比较喜欢项目研究,只要给我一个主题,然后我比较喜欢和同学们一起深入的讨论,广泛地听取意见,达到那种百花齐放,百家争鸣的那种局面,更好地完善自己。”还有同学表示非常喜欢项目完成后给内心带来的那种巨大的成就感。不过也有少许同学不太喜欢课题研究，因为他们担心自己的能力不足，在小组工作中影响其他组员的效率。同学们做项目的动力大多来自课题研究能丰富自己的知识，也希望能够在小组作业中不断地提高自身的素质，当然也有同学以课题作业能加平时成绩为动力。

（二）团队意识得到加强

本次调研中，同学们的课题研究基本都是以小组为单位进行的，每个人在小组中担任不同的角色，有的同学负责视频剪辑、制作 PPT，也有的同学负责调查问卷、搜集素材、课题演讲等，最重要的是在这些分工不同的任务中，小组成员能够相互配合，共同完成一项课题工作。在一个课题小组中，组长一般需要负责的事情比较多，不仅包括自己的本职工作，还要协调组员之间的工作。采访显示，同学们希望能够在小组合作的过程中提高自己的团队协作能力与交流能力，正所谓众人拾柴火焰高，大部分同学认为这种小组工作能很大地提升自己的团队意识，并希望通过这种课题作业快速提升能力，以便在团队中能够更好地完成任务。一位同学说：“在这次项目制作中我是组长，负责沟通组员以及带领大家完成这个项目实践，我亲身感悟到了什么叫作责任意识。在进行项目研究的时候我不仅是要对我的期末平时成绩负责，更要对组内所有认真完成了工作的小组成员的平时成绩负责。我有义务协调好组内成员的关系以及给老师交出一份满意的答卷。‘纸上得来终觉浅，绝知此事要躬行’我觉得这个经历增强了我的责任意识”。

（三）多种能力得到提升

这种以小组合作的形式去完成课题任务可以锻炼每个成员的能力，提升自信心。

(1)交际能力：有些同学认为锻炼了自己的交际能力，因为完成小组作业并非一个人就能实现的，需要和小组成员之间不断磨合交流。通过这种磨合交流，同学们认为他们在小组工作中收获了友谊；还有同学表示通过采访工作，社交能力和口才得到了发展。一位同学这样说：“平时不怎么爱说话，但是在做视频采访的过程中提升了自己对自己的信心。”

(2)组织能力:有同学表示通过当项目组组长,领导组织能力和与组员的沟通能力得到显著提升。有同学说:"组长这个角色使我统筹安排的能力得到了锻炼,我需要协调各个成员他们之间的工作,让他们配合得更好。"

(3)表达能力:因为大多数同学在上大学之前都没有经历过这种台上展示自己成果的机会,通过最终的项目展示,那些负责最后演讲的同学们的表达能力得到了锻炼和提升。一位同学这样说:"我觉得上台展示其实对我自己是一个蛮大的挑战,因为上面有很多生词我必须要把它们弄懂,然后我再熟练地给大家分享出来。"

(4)多种技能:还有一些同学认为在不同的分工下,自己负责的某个部分对自身技能的提升有一个很大的帮助,如负责制作 PPT 的同学学会了熟练使用办公软件,负责剪辑视频的同学学会了使用剪辑软件,负责设计调查问卷的同学学会了如何使用问卷平台,负责搜集资料的同学学会了如何通过知网查找文献,如何筛选文献、引用文献等。一位被采访同学这样说道:"我担任的是采访视频的制作,我觉得这个视频的制作其实有很多的学问,就是你做一个视频怎么能够更好地切合你要讲的这个项目的主题,然后能够更好地突出主题,还能不能做到升华。"

(5)思维能力:部分同学表示多种思维能力得到了锻炼和发展,如独立思考深入推进的能力,整理数据分析问题的能力,逻辑思维,整合要素的能力。一位同学这样说:"一些问题要仔细斟酌,同学们回馈给我们的信息需要处理和整合,知道什么样的数据该用在什么方面,然后什么样的数据反映了什么样的问题。"

(四)对研究话题的认知得到提高

在问到关于"研究项目围绕与教材单元主题相关的话题展开调查和分析,通过获取的数据,通过小组进行的分析和讨论,你对这些话题的认识有何变化?"时,同学们根据自己的课题做出了一些举例说明。如关于奥德赛岁月的痛苦,大学生生活费,大学生恋爱,父母与孩子的矛盾,国人消费方式,英勇事迹等,这些课题包括但不限于教材,且更加贴切于大学生的日常。大家都是一开始对自己的课题不熟悉,到调查取证,分析数据,到最后对这个问题有一个比较清楚的认识过程,这段过程就是大家一起努力学习的过程。而且,大家认为这些课题研究项目是值得研究的，这种研究对自己来说是一个学术上的启蒙，能够增强同学之间的交流，通过解决问题逐渐提高自己的能力。

（五）遇到的问题与困难

（1）合作问题。无论什么课题都会面临各种各样的困难，其中同学们反响最大的就是小组合作之间的问题，包括小组成员之间缺乏沟通，小组成员与老师之间缺乏沟通，同时也有凝聚力不足、组织力不足等问题。

（2）宏观逻辑问题。课题研究上呈现出逻辑把握的困难，比如数据和结论没有协调起来，或者项目的主题不够突出，逻辑框架不够明显。被采访同学表示通过不断的努力以及未来做更多的项目研究，同学们也会逐步克服之前遇到的困难。

（六）对项目式学习的期待

对自己：（1）提高解决问题的能力。当问到在下次课题研究中对自己有什么样的期待的时候，同学们回答频率最多的就是希望自己解决问题的能力能够不断提高。（2）更好地合作与交流。再有就是与组员更好地进行交流，以便在下次的课题作业中取得更好的成绩。（3）和更强的同学组队。有些同学希望和比自己能力更强的同学组队，使自己得到带动。（4）设计个人项目。少数同学表达想尝试自己一个人完成所有的项目。

对老师：同学们在谈到对老师的期待时回答不一，通过归纳主要有如下几个：（1）期待老师关注过程。有些同学希望老师能够多关注小组作业完成的过程，讲讲自己的经历和故事，也有些同学希望老师不仅要去做结果的评价者也可以去做一些过程的参与者，将这种学术启蒙带到学生的英语课堂。（2）期待老师提供更丰富的选题和视角。有一些同学认为老师或许可以给一些新的视角，一个更宽泛的选择空间，或者说更丰富的选题，最后点评的时候可以给一些站在更高的视角上评价。

对项目：（1）切实大学生生活。在对课题研究内容有什么期待的时候，同学们回答频率最高的就是希望参与的研究课题能够更切实大学生的生活，因为这样既可以提高能力，也可以收获一些切实有用的知识。(2)多一些自主性。一些同学希望可以给小组更多的自主性和自由性，项目研究内容能够得以扩展，在活动安排上少一些形式上的限制，这样就可以多一些乐趣。

在对一位数学学院学生的深入访谈中，他说："大家应该珍惜做项目的机会，不要把它当作是一个作业，要把它当作是一个思想的表达，它是一个表达思想的产品，它也许是我们一生中为数不多地表达自己思想的机会。"

四、学生日志数据

每个单元的项目都有学生日志，由负责该单元的所有实验班项目小组在完成其小组项目后填写完成。日志以问卷的方式，利用问卷星平台收集。题型有选择题和主观题，总计有八个单元的数据。量化数据经过统合处理，均以平均值方式显示。质性数据经过归纳总结以描述方式汇报。

(一)任务分配

表 6-24　任务分配

具体任务（多选）	PPT 设计与制作	分析与讨论	PPT 文字撰写	后勤服务	拟制问卷	收集资料与文献	描述研究发现
平均比率	35.24%	43.57%	25.40%	23.68%	27.97%	24.42%	19.29%

多数同学参与到了本次活动的进程中，并且付出了自己的一份力量。数据中可以得出"分析与讨论"环节以及"PPT 制作"环节投入人力最多，说明这两个工作环节难度大或者是工作量大。"研究发现的描述"投入人力相对最少。

(二)沟通与交流

(1)与老师的沟通频度和沟通方式。

表 6-25　项目小组与老师的沟通率

单元	二单元	三单元	四单元	五单元	一单元	六单元	七单元	八单元
平均比率	45.16%	37.50%	34.67%	36.67%	28.57%	27.40%	34.48%	26.32%

每个项目小组和老师保持沟通的都是组长,参与日志记录的是全体项目组成员,因此从数据上看,各班项目小组与教师的平均沟通率显得较低,仅为 33.85%。沟通率从宏观来看基本呈现递减趋势,最初的第二单元沟通率较高,达到了 45.16%,最后的第八单元沟通率最低,仅为 26.32%。一方面说明随着时间的推移,前车之鉴越来越多,困惑越来越少,大家在看别人的项目汇报和老师的点评过程中逐渐掌握了研究方法,因此逐渐不需要太多沟通;另一方面,也在一定程度上体现出学生投入项目实践的热情呈现逐渐递减趋势。此外,中后期学校安排的学生活动量大幅增加(如运动会,军训),还有期末考试、英语四级等也是重要干扰因素。根据数据,第七单元沟通率和后期数据相比较为异常,显然不符合递减规律,该单元项目主题涉及女性问题,复杂度较高,方向不好把握,因此沟通频次大幅提高,由此可以看出困惑是沟通的主因,沟通率的递减主要反映的是学生对独立完成项目越来越有信心。在沟通方式上,最主要的方式是“微信/QQ”,其次是“面对面”。由于高校教师不坐班且英语课每周一次,这个客观实际决定了交流方式必然是以线上为主。

(2)项目小组内的交流次数和交流方式。

项目小组内部的交流频繁,交流率达到了 100%,远远超过与老师的沟通率。一方面说明小组成员之间彼此需要协作推进以共同完成一个任务,因此交流是必然也是必须;另一方面说明了项目活动确实能够更好地促进和增加同学之间的交流。此外,在交流方式上,面对面以及线上交流的方式占比接近,线上线下交流形成了很好的互补,面对面,即线下交流频繁的因素是大多小组成员为同专业班级同学,面对面机会较多，为高效合作提供了保障。

（三）项目中的困惑点和难点

根据对既往学生项目成果的评分明细和书面点评，拟制了如下困惑点："题目的理解""如何设定研究目标""如何拟制问卷""如何分析讨论""如何把控宏观逻辑"，和如下难点："项目设计""拟制有效问卷""采访""PPT 设计与制作""成员合作""视频剪辑与合成""英语表达""宏观逻辑的把握""深度分析与讨论"。

表 6-26 项目中的困惑点

困惑点	题目的理解	如何设定研究目标	如何拟制问卷	如何分析讨论	如何把控宏观逻辑
平均比率（%）	25.05%	23.43%	26.15%	34.67%	40.42%

表 6-27 项目中的难点

难点	英语表达	宏观逻辑把握	深度分析和讨论
平均比率（%）	33.57%	31.69%	35.97%

数据表明，较为显著的困惑点是"如何把握宏观逻辑"和"如何分析讨论"，在这里的宏观逻辑指主要的研究发现与讨论结果是否实现了研究目标或是回答了研究问题，在研究实践过程中，因头绪纷繁，学生普遍存在研究不聚焦的问题，容易跑偏，问题严重的完全没有目标，不知所云。有关"分析和讨论"，大多小组看到的是表层现象，因此分析较为浅显和狭窄，没有联系时代背景去解释和追溯，没有寻找理论或前人学术成果去辅助分析或是支撑，一方面说明学生缺乏发展与联系的思维，另一方面说明文献回顾研究环节的缺失和弱化。

有关难点，"英语表达""宏观逻辑的把握""深度分析与讨论"这三项是认同度最高的，数据差异不大，相比较，"深度分析与讨论"更为突出，八个单元平均下来，有 35.97%的小组成员选择了这个研究环节。综上，"深度分析与讨论"是既是最突出的困惑点，也是最突出的难点。这些数据给项目辅导的重点提供了方向。

(四)小组合作情况

表 6-28　小组合作情况

小组合作	合作愉快，有凝聚力	有困难但完成了任务	合作无法顺利进行
平均比率(%)	86.60%	10.91%	2.49%

有关小组合作情况，平均 86.60%的小组成员认为“合作愉快，有凝聚力”，10.91%认为“合作有困难，但完成了任务”，极少数同学认为“合作无法顺利进行”。在活动开展得不顺利的几组中，调查显示多数同学认为问题在于组长的“组织能力不足”，但也有少数同学不配合的情况。结合与部分同学的私下交流和学生的调查采访数据，项目完成的质量、工作的效率、合作的顺利，组长常常成为较为关键的因素。

(五)对同学与老师的打分及点评的认同度

表 6-29　对打分及点评的认同度

对打分及点评的认同度	认同	基本认同	不认同
平均比率(%)	79.43%	19.91%	0.66%

数据显示，项目小组对同学与老师的打分及点评认同率达 79.43%，基本认同为 19.91%，不认同率极低，仅为 0.66%。“基本认同”数据表明部分小组成员对点评并不完全认同。大多数小组为完成项目都付出了努力，且对自己的作品较为满意，问卷调查显示满意率高达 76.03%。对不足之处的点评，如果表达方式欠妥，难免伤害项目小组成员的情感，当然不当点评可能也是存在的。

(六)对项目话题的认知提升测量结果[量表题]

表 6-30 项目话题认知提升测量

	弱	较弱	一般	较强	强
课前认识	1.78%	6.88%	33.22%	33.28%	24.84%
课后认识	0%	0.46%	13.02%	46.51%	40.02%
项目实践后	0%	0.14%	8.34%	36.15%	55.37%

项目话题和教材的单元话题相符。日志数据首先表明学生对英语教材每个单元的话题本身就具备一定程度的了解,这符合语言类教材的设计特征。然后,通过课程学习(即老师的讲)和项目实践(即学生的实践与探索),同学们对话题的认识得到进一步提升。选择认知“强”的同学由课前的 24.84%,课后上升至 40.02%,项目实践后,达到 55.37%,说明老师的教学和学生的自我探索都是效果显著的。

(七)对项目研究话题的认识

项目小组通过调查研究,对项目研究的话题或产生了新的思想认识,或有了更深刻的理解,或丰富了看问题的视角,或得到了他人认识的启发与感染。同学们思想认识的增益分单元整理如下。

第一单元:本单元课文 A 对英语教育进行反思,挖掘原因并提出建议。同学们通过本单元项目对大学英语课程开展的项目课题实践进行反思,由此你们对英语教育是否有了新的认识?

自我反思是学生评价反思能力这一高阶思维的重要体现。自我反思能够帮助学生更好地内化知识,加深学生对知识的理解,帮助他们更好地完成自身知识的架构。对英语教学改革的反思是师生作为实践的践行者回顾和审视以期进一步健康发展的重要手段。认识归纳总结如下:通过本单元项目对大学英语课程开展的项目课题实践反思,同学们对英语教育有了新的认识,他们非常认同 PBL 这种学习方式:(1)他们认为以考试为目标的英语教育太过功利。英语教育从最初的教学生认识单词,学习语法和造句,应逐渐变成开阔视野的工具,变成应用英语表达观点、解决问题的工具。(2)认为 PBL 英语教育模式非常有意义，它注重学生独立思考能力和思维能力的培养，可以锻炼和发展学生诸多技能，增强其个人自信心。(3)认为 PBL 英语教育模式给学生创造机会用英语表达思想、讲述想法。在实践中小组成员之间频繁的交流和思维的碰撞让大家增进了对彼此的了解，收获了友情，同时增强语言表达能力和语言沟通能力。(4)PBL 英语教育模式使学习不再拘泥于课本，学生主动投入其中，思维和实践动手能力得以提高，同时使学生更加了解自己，如擅长什么和不擅长什么。(5)认为 PBL 英语教育模式培养了学生学术研究的基本素养，使之对未来的学术研究有了更多的信心。(6)认为 PBL 锻炼学生应用英语获取信息、处理信息、分析问题、深度思考和汇报描述的能力，允许错误，鼓励开口，英语作为工具，语言表达的正确性不再成为评价的唯一标准。(7)通过应用英语完成项目增加了单词量，增强了翻译能力，和与同学们进行口语的交流的能力。(8)认为项目实践过程中小组成员的积极参与、紧密合作和集体氛围中的讨论分析增加了英语课程的趣味。(9)PBL 项目小组合作学习模式体现了学生的主体地位。小组项目研究成果集结了小组人员的智慧，代表小组的成绩，受到评价的是整个小组的表现，不突出个人成绩，这些有利于增强团队凝聚力。

第二单元：通过问卷了解大学生做出专业选择的初心、在专业学习中所面临的挑战以及对未来的打算，通过结合社会、时代、国家层面进行讨论，帮助大学生树立正确责任意识。完成如上项目实践后，你有了哪些新的思想认识？

该项目调查在大学一年级下学期初，正值学生转专业高峰，研究与现实非常契合，有许多有意义的研究发现和深入的思考，学生也有强烈的表达欲望。

认识归纳总结如下：项目小组在调查研究过程中了解到了更多同学有关专业选择的想法，表示受到了启发，产生了新的思想认识，学会了如何适应大学生活和专业学习。(1)“责任”认识：同学们认为当代大学生是国家和民族发展的希望，作为青年知识分子，大学生的精神价值选择，他们的社会责任意识是否强烈而牢固，不仅关系个体理想信念的实现，更与国家前途、民族命运息息相关。一位同学说：“在完成了这次项目实践后我们对大学生的责任和担当都有了更深的认识，对于自己的未来有了一定的认知，更清楚我想做的是什么，其他同学对于未来的规划，对我有一定的警醒作用，同时引发我的思考。”还有同学说：“在此次调查中，我遇到一些不畏困难，志向投身于国家建设事业的同学，他们的勇气和精神让我感到钦佩，也受到了感染。”(2)选择动机：大学生在选择自己的专业方面，有着各种各样不同的原因，有同学主张“爱你所爱，行你所行，心听从你心，无问东西”。有同学主张对专业的选择，不仅仅要从就业出发，也要结合自己的兴趣爱好，做自己喜欢的事，同时还要有高远的目光，考虑国家的人才缺口，认为大学生要有奉献精神，去帮助国家弥补这些缺口，做一个对国家有用的人，要增强专业的责任感和使命感，有国家意识，人类意识。(3)专业不如意：相当一部分同学专业是被调剂的，部分认为专业与其想象差异大，但大部分学生选择去适应，没有因为上了自己不喜欢的专业而放弃学习，并且都有自己的理想和未来计划。项目小组表示受到调查结果的鼓舞有了接受现实的勇气与改变现状和拥抱未来的决心，并提出建议：主动培养专业兴趣，沉浸其中，发现乐趣，认真储备专业知识，规划未来，毕业后为实现中国梦贡献力量。(4)在专业学习中遇到困难时，主张“以积极、乐观、拼搏的态度去面对，勇敢地去寻找答案，而不是退缩、逃避、躺平”。有同学说：“可能专业知识很难，但办法总比困难多。”(5)对本专业的认识：有同学通过采访不同大学的不同年级的学生发现自己对自己的专业知识存在片面性和心理存在排斥性，决定在今后的学习中一定会用尽全力去学习自己的专业知识。有同学提出：“面对冷门专业也不能抵触，每个专业都有每个专业存在的意义，只有自己把它学好学精不管冷门热门我们都会有所成就。”我们在专业课学习过程中，应该把职业责任感教育融入专业知识学习中去。有同学说：“自己学习的是国际政治专业，有强烈的使命感要为营造良好的周边环境和促进世界的和平与发展奉献力量。”有同学说：“我们的专业是国家最基础的专业之一，我们在技术上的突破，可以打破西方国家技术上对我们的垄断，能够拥有自己的技术，向世界展示中国建造的先进，更好地屹立于世界。”有同学表示：“文科专业在这个时代潮流中显得越发弱势，但是一个国家不能只有理工科，必须要全面发展。作为文科生，我们要做的是引领时代，提高人民思想觉悟，提高人民文化素养，增强人民群众凝聚力。”

第三单元：通过了解同龄人的成长之痛，结合时代、社会、国家层面进行讨论，挖掘今日成长之痛的普遍原因和特别原因，并探索解决问题的办法，由此大家产生了哪些新的、理性的思想认识？

项目小组在调查研究过程中了解到了同学们现阶段对“成长之痛”的认识,并通过分析讨论产生了新的思想认识。

认识归纳总结如下:同学们认为“成长之痛”来源于理想与现实的差距。有同学认为,迷茫、痛苦是一种正常的现象,是成长过程中必然经历的问题,调整自己的心态,摆正自己的态度,不断地去增强自己的判断能力、学习能力、交际能力,找到适合自己生存的方式,去探索自己的理想国,也有助于当代年轻人正视自身使命,加强责任感,更好地为社会主义事业做出贡献。有同学提出:“作为青年,我们也应在现实面前仍旧心怀积极的态度,不因现实的苦难而磨灭敢拼敢闯的少年志气,要不负青春、不负韶华。”还用同学表示:“我们所热爱的东西并不一定能在现实中成功地转化成终身的职业,所以要坚持自己的理想,在迷茫时期更要沉得住心,正确面对失败,总结经验,坚定地向着目标前行。”有同学认为:“现在同学们会感到迷茫,大家都不甘于现状想更好地发展自己,但是这种迷茫又往往迫使我们失去方法,为了逃避困惑和不安,部分同学沉迷游戏,但这进一步导致我们与自己期盼的生活方式越来越远。”有同学主张“对自己的未来有所规划,要明白自己想成为一个怎么样的人,树立明确的目标,并为之付出不懈努力”。也有同学建议“从自己本身出发找原因,通过相关培训加强自我认知,学会悦纳自己、理性地看待得失”。

第四单元:通过对大学校园恋情的调查,对大学生校园恋爱观和态度的调查,通过结合时代、社会等层面的讨论,大家对这一校园现象有了哪些更理性的思想认识?

认识归纳总结如下:该项目调查对象为正处于刚刚成年阶段的大学生,他们对于爱情有了自己的独特想法,渴望在校园里找到属于自己的另一半,拥有真正的爱情。(1)恋爱观:项目调查小组在调查研究过程中了解到了更多同学对恋爱的看法和态度,有了新的思想认识,认识到了正确的恋爱观在恋爱中的重要性。通过整理同学们得到观点,发现最突出的思想认识是“理性”,而不是奉行爱情至上,他们认为太感性的感情很容易造成情绪失控,所以要学会理性恋爱,用理性的思维去处理我们遇到的困扰是拥有一段健康恋爱关系的关键。同学们认为面对校园爱情会更多地考虑自己的情况,做出理智的选择,而不是盲目地跟随潮流为了谈恋爱而谈恋爱。此外,部分同学还提到了在恋爱中的责任意识和保持个体独立性的重要性。(2)恋爱与学习的关系:同学们对处理恋爱与学习生活的关系有了更成熟的认识。有同学表示恋爱是我们向往的事情，但作为学生，最重要的还是学习。大学生要把握好恋爱与学习的关系，合理安排时间，不要顾此失彼。有同学表示："恋爱应成为学习生活的调剂和促进两个人进步的动力。"

第五单元：通过对今日大学生消费习惯的调查、消费观的调查，对比中国传统消费习惯和消费观，以及结合时代、社会、国家层面进行的讨论，大家产生了哪些新的认识？

认识归纳总结如下：传统消费观崇尚节俭，但是现在奢侈享乐，过度消费、盲目消费和超前消费现象广泛存在。调查结果显示，我国大学生的消费行为总体趋于理性、合理，有规划，消费方式多元化，消费观上与传统观念既有相同点也有自己时代的特点。同学们认为要树立正确的消费观：社会经济和互联网技术的迅猛发展使得电商平台、移动支付、网络借贷进入大学生的生活，提前消费正在成为大学生消费方式的趋势，大学生的消费行为虽然偏理性，但仍存在购买需求不明确、金钱管理意识欠佳以及片面追求价格而不注重质量等问题，由此带来了在各种营销手段下产生的冲动消费和非理性消费。同学们认为大学生应正确认识自身经济状况，树立正确消费观，增强理性消费意识，明确个人需求，做出健康合理的消费选择。有同学主张培养合理储蓄习惯，养成量入为出，勤俭节约的生活方式，同时培养"理财"观念，学会将生活费合理配置，有计划地进行消费。

第六单元：通过对大学生生活习惯、生活观的了解，结合时代、社会、国家层面进行讨论，并提出建议，引导大学生树立正确的生活观，在完成课题实践后，大家有哪些新的思想认识？

认识归纳总结如下：项目小组通过调查研究对"生活观"有了丰富且更深刻的认识，他们对大学校园存在的普遍问题进行了理性探讨，如"参加社团、考证、考研、考公、交友、购物"等问题。有同学说："社会纷纷攘攘，我们时刻都被物质和欲望裹挟着。丰富的选择给予了我们心理上的安全感，但它也在不知不觉中"消耗"着我们的时间和精力，使我们迷失在欲望的洪流中。因此，养成健康的生活习惯和培养理性的生活观极为重要。"同学们主张极简生活模式，建议追求值得的事，让生活有质，不将时间浪费在不必要的事上。有同学说："从物质层面来说，少即是多，我们应该明确自己的需求和能力，不要给自己创造不当需求。"还有同学表示"不管是生活上，学习上，还是人生的选择上，在这个五彩斑斓的世界，更需要做的是去寻找属于我们自己的那一片白色，是简单，也是专注。

我们的青春、生命、选择、精力都是有限的，所以不妨就像《大鱼海棠》里的'湫'一样简单点，爱一个人，攀一座山，追一个梦。"他们建议："大学生注重自身综合素质的提高，多看书，多运动，在平时的生活中精简冗杂的生活用品，及时完成学习任务，定时清除无用信息。"还有同学建议："明确人生目标和人生追求，面对自由给我们的机会，坚守本心，认识自我，在选择中成就真正的自由。"

第七单元：通过观察和了解当前在中国这个语境下对女性的偏见，通过调查大学生这个群体对这种偏见的态度和观点，结合时代、社会、国家层面进行讨论，挖掘原因并提出建议，引导大学生摒弃这种偏见，通过如上一系列课题研究，大家有了哪些新的、更深刻的思想认识？

认识归纳总结如下：项目小组通过调查研究对"性别偏见"有了更理性的认识，他们认为偏见是对某一个人或团体所持有的一种不公平、不合理的消极否定的态度，是人们脱离客观事实而建立起来对人和事物的消极认识，而固化的思维是女性偏见存在的原因之一。通过调查，同学们发现当代大学生都是接受了高等教育的，分析看待问题也更加的客观理性，他们认为无论男女都应该是平等的，都值得我们去尊敬，也值得爱与被爱。有同学说："歧视女性不仅会带来男女比例不平衡，还会加重女性的思想负担，损坏女性的权利，因此重塑风气、正视自身价值等措施有非常大的必要。"大家纷纷主张大学生应该提高对性别歧视的敏感度，摈弃偏见，树立平等意识，并不断地影响周围人，培养后代男女平权、平等意识，减少大众刻板印象中对女性的低估，同时也不断地鼓励女性：打破窠臼，勇敢为自己发声。

第八单元：通过观察如今人们对待动物的宠虐态度和方式，通过调查大学生对此的态度和观点，结合时代、社会、国家层面进行讨论，挖掘原因并提出建议，引导大学生树立正确的观念。通过如上一系列课题研究，大家有了哪些新的、更深刻的思想认识？

认识归纳总结如下：项目小组通过调查研究，其动物保护的观念得到了进一步的加强，他们认为当今社会都在大力宣扬人与自然和谐共生的理念，这也是大家普遍接受的理念，因为动物是人类的朋友，是人类的邻居，是人类的友好亲朋，所以我们要重视和谐共生的理念，加强尊重自然的教育。我们要明白动物和人类是互利互助关系，人类也是动物，是自然世界的一分子，不是自然的统治者，而是自然的维系者。我们要遵从自然规律，敬畏自然，要心存善念，可以不喜欢，但不能去伤害。人类与动物是密不可分的生物多样性的减少必会导致人类社会走向灭亡，善待动物就是善待我们人类自己。对于动物，君子讲究以仁心对待之。同时，同学们意识到虐待动物的事件时有发生，侧面说明了社会里敬畏生命的观念并没有完全深入人心，国家反动物虐待法亟需完善。

通过对问卷、访谈、学生日志等回收数据的分类、整理、归纳与总结，发现学生非常认可该课程设计，大多数学生积极投入且乐事其中。我们发现该课程设计带来了诸多增益：有助于增强学生的理性认知并提高其思想认识；有助于锻炼学生的高阶思维能力；有助于体现学生差异性特征；有助于初步培育学生的学术素养；有助于培养学生团队协作能力和沟通能力；有助于提高学生的语言技能；有利于教师的自身成长。同时，通过深入研究与分析也发现了课程设计的短板，可进一步进行针对性的设计优化。

第七章　对教师的反拨效果调查

第一节　反拨效果调查设计

为了解教学实验对教师的反拨作用，课题组采取了多渠道评估，主客观评估相结合的方法。首先，课题组采纳了第三方评估数据，即《**大学教学质量评价报告》，提取学生评估的量表数据和文本数据。其次，课题组对实验教师进行了采访，了解了他们对依托项目的课程公共英语思政设计的看法以及自我感受。最后，采集整理实验教师在实验阶段取得的相关教学、教研、科研成绩作为反拨效果的支撑性证据。

第二节　反拨效果调查结果

一、《**大学教学质量评价报告(2021—2022)》

(一)课程评估问题

表 7-1　**大学教学质量评价问卷问题

(1)老师备课充分，教学内容丰富，能反映本门课程的前沿动态。(量表题，共 10 分)
(2)课堂上，老师的回顾、引入、讲授、小结、布置作业等教学环节完整。(量表题，共 5 分)

续表

(3)老师的教学资源丰富多样,课堂内外的各类资源比例适当,适合我的学习需要。(量表题,共10分) (4)老师讲授的知识体系完整、重点难点突出。(量表题,共10分) (5)老师善于启发我们思考,注重思维训练与创新能力培养,能给予我们联想、创新的启迪。(量表题,共10分) (6)老师关注同学们的学习效果,能根据同学们的学习状态进行相应调整,与我们互动良好,善于调动我们的学习积极性。(量表题,共10分) (7)老师的教学组织形式多样,善于通过案例、情景模拟、问题研讨等方法激发我的学习热情。(量表题,共10分) (8)老师布置的作业类型丰富、内容适量,作业有利于我理解和掌握课程内容。老师批改作业及时,有作业答疑或课后辅导,作业中的错误能得到及时纠正。(量表题,共5分) (9)老师家国情怀明确,在教学过程中能根据课程内容恰当地融入育人元素,积极传播优秀传统文化或科学精神,有助于学生树立正确的人生观、价值观。(量表题,共10分) (10)老师亲切自然、言行雅正,尊重并爱护学生,因材施教,公平公正。(量表题,共5分) (11)老师不随意降低学习标准,学生出勤率、抬头听课率、参与互动率高,课堂秩序和课堂氛围良好。(量表题,共5分) (12)通过学习这门课,我的知识有增强,能力有提高,素养有提升。(量表题,共5分) (13)老师在课堂上是否有过激言论或行为?是否有散布有害学生健康成长的消极言论或者违反国家法律、法规和学校规章制度的言行?如有,请详细描述。(文本题) (14)你学习这门课程有哪些收获?对于这门课程你有哪些意见建议?(文本题) (15)请评价你的任课教师,或者你有哪些建议想告诉老师?(文本题)

(二)评估结果

表 7-2　各类课程学生评教结果

	2021—2022(1)	2021—2022(2)
实验教师 A	92.52	90.26
实验教师 B	94.80	92.82
实验教师 C	93.59	91.59
院系平均分	91.70	89.77
全校平均	91.51	89.05

如上分值是 1—12 题(量表题)总计 100 分,题目选项按照五级量表设置:“非常符合、符合、基本符合、不符合、非常不符合。”数据表明三位实验教师在 2021—2022 第一学期和第二学期的学生评教中均高于院系平均水平和全校平均水平。间接反映了学生对教学方法的认同。

13—15 题是文本题,13 题的文字描述皆为“无”,现将 14 题有关学生的收获及意见,15 题有关对教师的评价及建议归纳整理如下:

教师 A:学生对教师 A 的评价主要分为四个部分:第一是认为教师 A“非常负责任”,“授课认真细致,在课后的小组任务中会与同学耐心交流,对小组的项目很用心”;第二是认为教师 A“和蔼可亲,亲切自然”,“非常尊重同学,语气温和,平易近人,对待学生循循善诱”;第三是认为教师 A“风趣幽默”,总能以大家喜欢的方式活跃课堂氛围;第四是认为教师 A“上课严谨,知识渊博”,讲课思路清晰,而且会带领同学们拓展知识。在课程收获方面,同学们表示“在这门课中学到了很多”。评教结果显示,同学们普遍认为自己的英语水平有所提高,其中不仅包括对语法的理解,还有词汇量、阅读能力、口语能力、写作能力、分析能力、表达能力等也都有所提高。不仅如此,同学们认为项目式学习能够提升自己的实用技能,如使用电脑、运用专业软件、制作 PPT 等。同学们认为项目式学习能够拓展自己的英语知识,拓展自己的眼界,提升自身文化素养,提高自身综合素质,认为该教学方法极大地提升了自己学习英语的兴趣。

教师 B:学生对教师 B 的评价主要分为四个部分:第一部分是认为

教师B是一位“充满热情”的老师，“课堂上高昂的情绪会感染到学生，营造温馨的课堂氛围”；第二部分是教师B“课堂思路清晰，内容纲举目分，条理性很强，举例充分恰当”“讲课方式多样，善于结合思政元素，给人启迪”；第三部分是教师B“治学严谨，要求严格，不随意降低学习标准”“专业素质和文化素质很高，拓展有用知识，分享自身经验”；第四部分是教师B“美丽大方有气质、有智慧、有魅力”“幽默风趣，亲切自然”。在课程收获方面，同学们表示通过小组合作完成项目“自己的英语得到了提高，面对英语会有更多的自信”“学到了许多专业知识和课外知识，丰富了知识面，提升了思维能力”“自己的英语素质得到了提高，视野更加开阔”。提高了自己的团队协作能力，也增进了同学之间的关系。同学们认为自己的词汇量得以增大，口语得到提高，英语水平进一步提高。跟着老师“不仅能学到英语而且还会领悟人生哲理”。个别同学反对小组项目的娱乐化倾向。

教师C：学生对教师C的评价主要有五个部分：第一部分是学生们认为老师在课堂上“态度十分认真，在课程上花了很多心思，备课充分，讲解细致”；第二部分是教师C善于评价学生，“对学生的PPT的内容很认真地评价，没做好的地方会指出来”；第三部分是老师性格方面“老师很尊重体贴学生，亲切自然，和蔼可亲，能和学生拉近距离，善于沟通”；第四部分是“老师讲得重点突出，内容详细，编排清晰，一丝不苟。对深奥知识的解释浅显易懂、意见独到、深入深刻”；第五部分是“老师教学内容丰富有效，教学过程中尊重学生，上课风格幽默，老师上课活力满满，通过课堂互动，能够让学生自己查阅资料、自己讲述，调动学生学习英语的积极性，可以让学生愿意学习英语”。在课程收获方面，经过一年的项目式学习，同学们认为自己的英语基础有所提高，对待学习英语变得自信了。同学们认为自己的英语水平提高了很多，提高了学习英语的兴趣。而且他们还通过项目合作提高了合作能力和PPT制作能力。

部分同学对三位实验教师几乎共同的意见和建议是增加应试能力的训练，这是应试教育环境带来的挑战。学生长期以来为通过各类考试而学习英语，项目式教学模式颠覆了大家的学习习惯。对此，部分厌倦应试教学的同学表现出极大的欢迎，部分同学则表现出不适应。

二、教师采访

经过一年的实验教学，亲自参与实验的教师对项目式教学以及项目式教学给自身带来的影响表达了自己的看法，如下是对教师采访数据的整理。

(一)认为项目式教学模式有很多优势

(1)项目式学习适合公共英语教学的学科特点，有助于发展学生的综合能力。大学英语学科教学内容贴近生活、社会，实用性强。在实施过程中，教师根据单元的教学内容的实际需要和具体的教学目标，设计各种贴近实际生活的问题，以便将学习内容与现实生活及科学研究方法结合起来，将真实性，实用性和科学性有效地结合起来。比如，有一个单元研究的问题是当代大学生消费观的调查，该项目通过努力探索与问题相关的背景知识及文献，然后运用各种软件调查分析，最终能客观反映大学生消费观，并发现其中问题，针对问题展开讨论，探索问题解决办法的效果，培养了学生开展调查、发现问题、研究问题和解决问题的能力，激发了他们的学习积极性和主动性。

(2)项目式学习能够促进学生合作意识的培养。现在的教学模式主要还是采取“教师讲，学生听”的方式，教师是教学的中心，学生学习的主动性和合作意识无法得到充分发挥。而项目式学习使得学生能够成为教学的中心，以问题调查为基础，采取小组讨论，检索资料，幻灯片视频展示，研究报告撰写，在讲台上进行展示等方式开展合作学习，探索解决问题的方法。这样学生就由被动学习转变为主动探索。在学习过程中，学生加强了相互之间的合作，使合作意识得到培养，合作能力得到增强。当然，在学习过程中，学生中的冲突与异议也有助于提高学生包容理解的能力。

(3)项目式学习可以增强学生的学习自主性和成就感。在项目式学习中，即便是同一个话题，不同的班级会有不同的发现，研究的角度和侧重点也会不同。在合作学习过程中，小组同学的学习自主权得到增强，可以自行安排研究内容和研究方法。为了使整个团队有一个好的成绩，小组成员需自我激励和相互激励，制订计划、研究方案，开展合作研究和自我引导的学习，同时还要监控和反思整个学习过程。在这一过程中，学生的自主学习意识得到增强，其他各种能力也能得到培养，如英文表达能力、英文文献检索能力、归纳总结能力，办公软件操作能力等。这为将来学业学习、科研工作以及终身学习奠定了良好的基础，部分同学反馈表示较为清晰地了解了学科学习中基本的研究方法和文献搜索知识。

(4)项目式学习能够及时有效地反馈教学效果。在项目式学习教学模式中，教师和学生随时可以通过作业的展示发现学习中的问题，如基本的语法词汇问题，或者研究方法不全面的问题。这些信息反馈可以帮助老师及时了解学生的英语学习情况，在今后的教学中有所侧重。同时，学生也可以通过其他组的反馈找到差距和不足，修正自己的研究内容，明确下一步的努力方向。

(5)项目式学习能够增进师生之间，教师之间的感情。在依托项目的教学设计中，老师和各班项目小组都必然产生交集、交流，课题组教师之间开展讨论、交换意见、反馈问题，共同制作课件、微课，共同设计和改进方案，这些都成为增进师生之间、教师之间情感交流和思想交流的重要机会。

(6)项目式教学提高了教师的教学自信、教研自信和科研自信。为准确、有效地辅导学生迅速掌握研究性项目的基本方法，以实验教师为主的课题组成员专门制作了一系列用于指导学生进行调查研究的课件、微课，初步形成了项目教学设计的基本模式，为今后的项目教学提供了可参考和可复制的宝贵材料。教师在"教中学，学中教"，提高了自身的教学水平，拓宽了教学思路，教师以思政育人为导向且和学生同向同行，从此课堂教学有了温度、深度和高度，教学成就飙升。在教学生科研的过程中，如何开展科研、科研方法有哪些、如何描述研究发现、如何开展分析讨论等，这些曾经模糊的画面，在辅导学生的过程中变得日渐清晰，在课题申报、参加比赛、承担大学生创新项目辅导工作上，课题组成员从"未曾想"，到"不敢想"，到"敢想、敢干"，实现了真正意义上的教学相长。

(7)项目式教学中，各实验班不同项目小组通过调查、分析、讨论在有关项目话题上获得的不同角度的，或浅或深的理性认识，同时也丰富和提高了教师在该话题上的认识。如将出自学生的新鲜认识加以整理和吸收，反过来用以启发和引导其他学生的价值观念，一定会大幅提高共鸣效果。

(二)认为项目式学习还面临着很多具体的问题

(1)教师面临着知识结构和信息量上的挑战。在项目式学习教学中,研究问题的内容与社会生活,学习密切相关,教学活动也就不再单纯是语言教学。这就要求教师必须想方设法提供语言知识,及其他各方面的知识。这对教师的语言思维能力和信息检索能力上提出巨大的挑战。如在设计“你身边的英雄”这一主题时,研究主题本身没有太大的研究难度和深度,使得作业展现出来时更多是事实的罗列和堆砌。因此,反映出研究主题的科学性合理性会对学习效果产生直接影响,进而影响学生的语言运用能力和思维能力的培养。设计真实、复杂、综合性的问题是对教师提出的严峻的挑战之一。此外,教师面临着指导能力上的挑战。在项目式学习教学模式中,教师对学生的指导作用更加突出。通过指导学生,让学生在自我学习中实现教学目标。教师需要投入更多的精力进行教学准备,监控整个教学过程,适时讲解重点难点,提问学生并开展评估活动,指导学生分组、设计和解决问题,并及时总结和反思学习过程。所有这些对于教师的科研能力和学术素养有较高的要求。

(2)评估学习效果的难度加大。在项目式学习教学模式中,教师要实现评估形式的多元化,既要评估学习结果,也要评估学习过程,要将终结性评估与形成性评估结合起来给出一个客观公正的评价。教师要对整个学习过程进行监控、指导、检测,对学生进行形成性评估。由于形成性评估的内容比较复杂,主要包括学生参与教学活动的积极性、合作意识、探究能力、表达能力,研究能力等,加之参与班级较多,因此评估工作的难度和工作量加大。

(3)对学生有较高的综合素质要求。项目式学习教学模式客观上要求学生要实现从被动接受学习到主动构建学习的转变,学生不仅要实现心理上的转变,更要努力实现知识结构的升级,不但要理论知识扎实,而且要有较强的实践能力,还要具有主动求知和合作意识。但是,在接受式学习及以高考为指导的环境中成长的学生,更倾向单打独斗,不敢挑战权威,不善于提出异议。而且各地区教学水平的差异也使得学生水平不尽相同,水平有限的学生由于缺乏自信和表达能力较差,更倾向做幕后的工作,这样就很难达到语言能力全面发展的目标,取得满意的教学效果。

三、教学、教研、科研成绩斐然

在教学领域，实验教师和课题团队收获连连：(1)系列微课作品获奖："How to Identify a Fallacy"获得2021年外语微课大赛国家级三等奖、省级一等奖；"How to Write a Research Report"获得2022年外语微课大赛国家级三等奖、省级一等奖；"How to Design a Questionnaire"获得2022年外语微课大赛国家级三等奖、省级一等奖。(2)实验教师基于项目教学理念的教学设计在2023年省级教学创新大赛中荣获二等奖第三名，该比赛是所有学科的混合式比赛，公共英语作为弱势学科能够得此殊荣实属不易。(3)实验教师基于项目式教学申请的大学英语B课程思政标杆课得到校级立项。(4)指导学生申报"大学生创新训练计划项目"且获得多个立项。目前团队四位教师指导的"大学生创新项目"在2021年、2022年"大学生创新项目"评比中获得立项，一个校级，两个国家级。2021年校级大学生创新项目"通过构建地方人物志打造新疆旅游人文景观"；2022年国家级大学生创新项目"新疆高校英语专业学生实践助力乡村振兴路径研究"；2022年国家级大学生创新项目"新疆高校外语课程思政学习主体需求现状研究"。(5)指导学生制作短视频在校园外语文化节上获奖，如《拉齐尼的故事》(一等奖)、《十二木卡姆》(二等奖)、《毛皮滑雪》(二等奖)、《新疆昌吉》(三等奖)、《羊肉串》(三等奖)等。

在教研与科研领域，课题组成员在2021年校级研究生课程思政示范项目中获得立项，并撰写和发表了论文。实验教师在2022年度自治区社科基金项目中获得立项，在2022年教育部人文社会科学研究规划基金项目中获得立项。

如上无论是第三方数据对教师的评价，还是本课题对实验教师采访所得到的反馈，或是以实验教师为代表的课题组成员近两年实际获得的教学、教研、科研成绩，皆体现出本课题实验教学给教师自身带来的积极反拨作用。

第八章　教学反思

基于项目教学模式的大学英语课程思政具有高度可操作性，它将社会主义核心价值观融入语言教学和能力训练中，为实现“传授知识、培养能力、塑造价值”的教学理念提供了一个有效路径。在本课程设计中，教师发挥主导作用，身份多重，责任重大，在夯实自身语言素养的同时，关注时代主题，更新知识储备，提升学术素养，成为语言教学和价值探索的实施者、管理者、陪伴者、监督者和评价者。学生充分发挥主体作用，课堂更加与众不同，人人有任务，人人讨论，人人思辨。教学设计有难度、有深度，教师有态度，育人有温度，学生学有所得，教师教有所感。

第一节　依托项目的公共英语课程设计效果突出

一、学生认可项目教学模式，并抱有较高的积极性

“PBL 学习与传统教学最显著的区别之一，是将学校教育由注重课堂知识灌输向培养学生自主获取知识的能力方向转化。”(教学设计第 3 版)在 PBL 学习过程中，学生由被动的接收者，变为自主学习者，学生在 PBL 教学模式中处于主体地位，教师在此过程中更多的是变为了一位引导者、指导者。和传统的教学有别，“PBL 通过以问题为基础，小组合作性的自我指导学习，帮助学生建构灵活的知识基础，发展可持续的学习方法，培养学生高水平的思维能力”。大多数学生虽然认为当前 PBL 教学模式对他们存在一定的挑战，但他们都认可这种教学模式并在当中

抱有较高的学习积极性，多数学生对PBL抱有清晰的认知和期待。在对项目式任务的感兴趣程度调查中，认为任务“非常无趣”和“无趣”的仅占据2.92%和5.26%。而认为任务“一般”“有趣”和“非常有趣”的占据37.4%、35.87%和18.91%。均值达到了3.63。项目式任务小组研究内容以了解，发现和解决某种真实情境下的实际问题为基础，因为真实而有意义的项目能更大程度地激发学生的学习热情。在学习过程中，学生有更清晰的目标，并在项目完成过程中将课程内容和现实应用相互融合，从而对学习及社会获得更深刻的理解。因为研究内容真实和有意义，学生的兴趣及参与度较高。在对参与项目式任务时保持较高积极性参与程度的调查中，认为任务“非常不赞同”和“不太赞同”的占据0.97%和1.95%。而认为保持较高积极性中“一般”“赞同”和“非常赞同”的占据24.95%、43.86%和28.27%。均值达到了3.63。在多年的传统教学模式下，学生更习惯于被动接受教师传授的知识，参与实践，分析问题的能力缺少锻炼。通过主动发现、参与研究、完成集体任务增强了学生的信心和参与感、主动性。

二、项目教学模式有助于增强理性认知，提高学生的思想政治觉悟

项目小组日志数据表明：通过课程学习（即老师的讲）和项目实践（即学生的实践与探索），同学们对话题的认识进一步提升，选择认知“强”的同学由课前的24.84%，课后上升至40.2%，项目实践后，达到55.37%，显然项目式学习提升了大学生对问题的认知和认识。本课题根据教材的单元话题，结合学生生活实际拟制了项目主题：“外语学习、专业选择、成长之痛、校园恋情、消费观、生活观、性别观、宠物观”。在探索这些话题的过程中，要求学生的项目研究遵循如下逻辑步骤：第一步是调查实际情况、一般认识和态度；第二步是结合环境、时代、社会等大背景去解读研究发现；第三步归纳总结研究发现中暴露的问题、追溯深层次原因、探索解决问题的办法或建议。研究是以调查为基础的，通过调查大家看到的是群体的情况，群体的多样化的认识和态度，结合背景因素去解读让大家意识到校园的微区域现象是环境和时代这个大区域的折射。研究的逻辑步骤避免了主观的、感性的、一己之见的、作文式

的、空泛的热血表达。

例如，有关“专业选择”，大家的思想认识在调查采访和理性分析后，得到了显著提升，由就业赚钱，到“爱我所爱，行我所行，无问东西”，再到作为青年知识分子应将精神价值选择和社会责任意识、国家前途、民族命运密切联系。有关“成长之痛”：同学们认为痛苦本质上来源于理想与现实的差距。有同学认为“迷茫、痛苦是成长过程中必然经历的问题，调整自己的心态，摆正自己的态度，不断地去增强自己的判断能力、学习能力、交际能力，找到适合自己生存的方式，探索自己的理想国”；有同学提出“作为青年，我们应在现实面前心怀积极的态度，不因现实的苦难而磨灭敢拼敢闯的少年志气，要不负青春、不负韶华”；还有同学认为“年轻人应当正视自身使命，加强责任感，更好地为社会主义事业做出贡献”。

三、项目教学模式训练了学生的高阶思维能力

智慧技能领域的学习分为陈述性知识类学习，概念类学习，程序类学习，原理类学习，领域特殊性的问题解决类学习、认知策略类学习、态度类学习、动作技能类学习(Smith P. L. & Ragan T. J. ,2008：114-119)，PBL属于众多领域特殊性的问题解决类学习的一种。调查显示 53.61%的受访者认为解决问题能力得到显著提升。PBL 教学模式强化了学生对接现实的能力，让学生通过在解决问题的过程中，整合自己的知识，形成自己的知识架构。同时，因为问题具有现实性，这便使其具有多重因素的复杂性，这要求学生从现实层面，多因素、多角度地去分析问题。比如，从个人层面上升到群体、国家、世界层面；由单领域联系到多领域，这要求学生通过运用信息整合、对新知识建构、逻辑思维、批判思维、创造性思维、评价反思能力等高阶思维来完成整个项目。高阶思维能力贯穿了各个板块的始终。通过对学生所做的前后两次项目对比发现，学生高阶思维能力得到了明显提升：在信息整合能力上，学生已经有意识去收集和选择有用信息，摒弃无用信息，这突出表现在设计问卷和查阅文献上。在新知识建构上，根据观察发现在小组讨论中学生已经能够较快地吸收他人提出的新思路、新观点、新想法，并结合自己的判断、思考和分析将其上升至更高层面的认识。批判思维能力主要体现在学生学会从多层面、多维度去思考问题，用更加理性的眼光、更加批判的思维去分析

现象。39.77%的受访者认为评价能力得到显著提升，评价与反思的能力发展可以突出表现在前后两次小组项目展示后，他们变得能够更好地吸收、采纳教师和同学的意见，并进行成效显著的修改。36.06%的受访者认为创新能力得到显著提升，创造性思维体现在学生掌握一定的方法后，他们能够从自己的知识层面对研究主题进行重新地理解和联系，不再拘泥于项目的形式，中间加入了更多自己的想法。提升最为显著的当属逻辑思维能力，67.45%的受访者认为逻辑思维能力得到显著提升，学生无论是从项目的宏观逻辑上，还是对问题分析和问题解决的方法逻辑上都有显著提升，变得更加规范、严谨和缜密。PBL为学生提供了一个平台，在这个平台里，学生充分发展自我，从问题出发，探索知识，掌握技能，学会思考、学会学习、学会分析，学生充分感受到学术研究和探索发现的魅力与价值，可见，项目式学习对学生的高阶思维培养能力具有突出的贡献。

四、项目教学模式打破了学科间的界限，突出了个体差异

根据《新视野大学英语(1册，2册)》拟制的项目多聚焦于大学生生活，涉及专业领域上的话题较少。但可略窥其打破学科边界的作用，就以高中文理科同学，以及艺术类的同学来讲，不同的学科养成了他们不同的思维分析方式，理科学生会以逻辑思维方式前进，艺术类学生则会用形象思维方式推进，文科学生则会采用“共情”的模式来分析问题。在项目最后汇报结果的整体来看，理工科学生的逻辑意识更强，文科学生的表达更加丰富多彩。在项目实践过程中，学生的个体化差异也被放大，在不同学科、不同个体思维的碰撞交流之下，学生看待问题的思维方式明显提升。PBL是问题解决类学习，学生是在解决问题的过程中获得认识和理解知识的，并将已有的知识进行再整合和再架构。学生的个体化差异以及他们独特的成长背景、经历和经验都会导致解决问题的方式方法不同，这个会在PBL中得到放大，因而更能凸显出“每个学生都是主体”的学习特征。学习知识的目的是解决实际问题，当学生把自我经验和所学知识相结合，学会综合、辩证地去看待问题、解释问题和解决问题时，即达到了知行合一的终极目的。当下教育更加注重个体的差异化，学生独有的经验性知识和技能在PBL中会得到长足的放大、鼓励和

培养。联系、整合、打破和颠覆已有的经验更能激发出学生的好奇心与积极性。在多年的传统教学模式下，学生更习惯于被动接受教师传授的知识，而参与实践、分析问题的能力较少得到锻炼和发展。主动发现、参与设计、完成任务等一系列实践活动增强了学生的信心和参与感。学生的任务表现和项目成果也反映了不同专业、不同性别群体的差异性特征：如点评和打分任务环节，理工科学生更趋客观诚实，文科学生则倾向于考虑他人的感受和人际关系的和谐；在问卷答题环节上，女性参与答卷的数量总是明显多于男生，体现出不同性别差异显著的配合意识；在PPT 设计上，纺服专业学生体现出天然出众的设计感；在采访环节，新闻专业的学生表现出优秀的专业性、规范性和设计感。由此可见，在PBL 模式下，学生的独立性、自主学习能力以及决断力会得到很大程度的增强，同时 PBL 为展现个体的独特性提供了平台，为学生彼此间了解创建了机会，也为教师发现人才提供了窗口，如通过 PBL，我们发现了对科研具有天赋和热情的同学，发现了一批出色的英语朗读人才，并建立了英语朗读人才群。

五、项目教学模式培育了学生开展学术研究的基本素养

我国高校教育改革当前的一个要求就是实施创新教育，更好地培养大学生的创新能力。对于大学本科生来说，实施创新教育的一条有效途径就是培养其科学研究能力。在学生“做项目”的研究性实践过程中，在老师的设计和指导下，学生的学术常识、学术素养得以循序渐进地构建和被构建，知识、技能和应用实践相互快速转化并形成良性循环。罗遐(2015)说：“大学生科研能力培养的目标是使其熟悉科学研究的组织与管理方法，学会对科学实验的正确论证，对所取得的科研成果能够以研究报告、专利和学术论文等形式进行合理的分析、总结和利用，通过开展科学研究活动，增强大学生的创新意识与科研技能。”在问卷中，96.11%的受访者对于“课题合作项目启蒙了学术研究，培育了基本学术素养”的问题持赞同态度。项目式任务学习理念强调学习活动以学生为主体，以培养学生的创新意识和科学素养为目的，学生在教师指导下通过参与项目来获取知识和能力，通过调查反映出该目标得到了很好的实现：实验班学生在大一就积极申报大学生创新项目，在 2022 年初新疆大学大学生创

新项目得到校级立项的一年级学生中,来自实验班的同学仅主持就占据46.67%(同年级全校有102个英语班,实验班有17个,实验班占比为16.7%),得到自治区立项的实验班学生占据25.81%,这些同学都是在项目研究中表现出色的,有的立项小组成员就是实验中的项目小组。

(一)学生了解和掌握了学术研究的一般步骤、方法和逻辑结构

首先,学生在本课题设计的PBL模式下掌握了学术研究的一般步骤:首先,在给定话题中找见研究重点,描述现状,指出问题,明确研究目的或是研究问题。其次,回顾该领域前期研究成果,总结前期研究的经验,寻找有价值的借鉴或支撑,如理论、观点、数据等。再次,运用常用的调查研究方法展开调查,如问卷这个量化研究方法,采访这个质性研究方法。回收研究数据后,通过分类、整理、归纳或对比得到研究发现,针对研究发现结合时代、社会、国家等现实背景或理论展开分析、讨论和阐释,追溯问题背后的原因,探索解决问题的办法。最后,总结研究发现和分析讨论的结果,然后指出当前研究的局限性,为未来研究提出建议。同时,学生在本课题设计的PBL模式下尝试并了解了撰写研究报告和汇报研究成果的一般内容、要求和规范,如报告的格式、内容模块、符合规范的参考文献和精确规范的标记引用部分等。

(二)学生提高了信息能力

信息化时代对于学生的获取信息及处理信息的能力有着较高的要求。

(1)PBL开辟了学生获取学术类信息的渠道。其实,在任务完成过程中,无论是向同学或老师求教还是利用数据库资源,这些方式都能很好地锻炼学生获取信息的能力。在上大学前,学生获取信息的渠道是:父母、朋友、老师、教科书或者各种网络平台,在教师引导下PBL学术性项目实践让学生学会从非学术类渠道转为学术类渠道获取文献信息,如知网、独秀、万方等数据库。PBL为学生提出了查阅文献的要求,让学生初步“查阅文献”这一科学研究必然环节,初步培养了他们查阅文献的意识。

(2)PBL锻炼了学生的信息处理能力。其一,学生通过文献检索、阅读、整理、归类,之后筛选,筛选出来后进一步分类、整理、整合和分析,经过回顾前期研究的成果,才能形成正确的判断,形成自己的观点,找到具体的研究目标和值得借鉴的方法、理论和支持性数据。在大量文献信息中,理出清晰的头绪不是简单容易的事,学生通过实践,这个关键能力得到了训练和提高。其二,学生通过调查,获得数据,这些数据同样需要分类、整理和整合等信息处理能力。

(三)学生学会和锻炼了多种研究性技能

为全面完成研究性项目任务,学生需要学会使用多种平台,掌握相应技能。首先是平台,如学术文献平台,问卷调查平台;其次是各类软件,如视频剪辑软件、数据分析软件;此外,还有各种技能,调查表明:在与调查、研究、展示相关的技能中,受访者表示收获最大的是"PPT设计与制作",该项占比71.54%,"视频剪辑与合成""图表设计与应用"分别占据55.95%、59.06%,此外还有拍摄图片和视频的技能占比为44.64%。

(四)学术规范意识得到初步培育

PBL课题设计不仅教会学生如何去查找文献,还引导和要求学生在使用文献的时候进行规范的标记,教会他们如何去尊重知识。在实验中,课题组通过制作PPT课件指导学生如何引用,如何规范地罗列参考文献,针对"学术规范",评价环节专门赋分和点评,以增强大家的意识。

六、在项目教学模式下学生团队协作能力和沟通能力提升显著

PBL教学模式有利于增强学习者的团队意识,提高团队协作能力和沟通交流能力。在效果调查中,76.41%的受访者认为团队协作能力得到显著提升,68.03%认为沟通表达能力得到显著提升。团队协作贯穿了项目式学习的始终。在社会分工逐渐细化,信息获取较为多元的今

天，部分受访者谈到更倾向于“单打独斗”的学习方式，在人际交往及沟通方面普遍较弱。PBL 教学模式因其独有的特点，对学生的团队协作能力以及沟通表达能力要求更高。学生要从传统教学模式中“善于倾听”逐步走向 PBL 中的“善于倾听和善于表达”。由传统教学模式下的教师为主体，再到 PBL 教学模式下，学生都是主体，学生需要面对的主体增多，沟通交流增多，需要其更加灵活的交流策略，这对学生也是一个极大的挑战。有关交流策略的调查数据显示：80.51％的受访者认为应根据参与者交流风格灵活调整交流方式；53.8％的受访者认为要善于倾听；而“坚持自己想法，尊重他人意见”“不固执己见，善于采纳意见”和“理性阐释，避免负面情绪”分别占比 43.86％、35.09％和 26.12％。在完成项目任务的过程中，在小组讨论过程中，在探究问题、解决问题的过程中，小组成员从各个角度分析问题，提出不同的研究假设和研究方案，智慧碰撞，分工合作，大家清楚地了解到沟通协作是呈现出一个优秀的作业重要因素，小组齐心协力通过项目活动最终完成的成果来回馈自己的辛勤工作。学生在项目任务活动完成过程中承担任务，在最终完成的有形作品中见证自己的成长，同时获得归属感和荣誉感，这就是生成集体责任感和培养团队意识的重要过程。当小组反思其所取得的进步并获得老师和同学们的积极反馈时，集体荣誉感和小组凝聚力飙升，继而形成一个正循环，在下一次的任务中更加自信、团结。

七、项目教学模式有助于提高学生的语言技能

PBL 有机会使学生基于项目进行交际、修饰输入、整理输出，学生可借此整合语言技能，尤其是在进行作业展示和研究报告的提交方面，对于英语能力较好的同学是有意义的锻炼，对于小组中英语水平有所欠缺的同学是有益的学习过程和参与过程。在整个学习过程中，PBL 能提高学生的听、说、读、写、译的全面能力。因为学生处于真实的项目任务中，为了传递全面的调查结果并希望能从师生处得到积极正面的反馈，学生会该项目任务会要求学生为了说而去写，为了写而去读，为了展示而去操练语音、语调和流畅度，如此就会产生有益的语言使用和重要词汇语法的反复使用。在问卷调查中，65.89％的受访者认为英语应用能力得到显著提升；68.03％的受访者认为沟通表达能力得到显著提升。

在采访中同学们表示通过最终的项目展示，那些负责最后演讲的同学们的表达能力得到了锻炼和提升。一位同学说："PPT 上面有很多生词我必须要把它们弄懂，然后我再进一步熟练，然后才能顺利给大家分享。"在学生日志中，多位同学表示通过应用英语完成项目增加了单词量，增强了翻译能力和与同学们进行口语交流的能力。通过如上数据，我们发现学生通过实施项目达到了学习语言和运用语言的目的。学生只要真正自身参与到真实的项目任务中，就一定会产生真实的语言学习活动。这种内化的语言学习效率最高也最有效。"PBL 能够为学习者提供很多学习机会使其去明确关注语言形式及语言其他方面的知识技能。当学习者向真实的观众展示其项目学习活动最终完成的作品时，他们往往会更加关注语言形式的准确性。"(Stoller，2005)

八、项目式学习有利于教师的自身成长

在 PBL 教学模式下，教师迎来更大的挑战。PBL 对教师的能力提出了更高的要求，使教师从单一角色转向多重角色。"项目"实施的每一环节都对教师提出不同的要求和挑战，设定目标初期教师需进行引导，制订计划时指导、反思、交流和论证，项目实施环节给予帮助与支持，出现问题时及时指导进行修订，评估环节，认真点评并提出建设性的意见和建议。从事教学的一线教师作为教育的主体，自身成长与专业发展是外语教学改革的前提和基础。教师不仅仅要具备传统角色所要求的专业知识和技能，还要具备科研能力、组织协调能力能全面多样的素质。根据问卷反馈，受访者对教师的作业点评都有着较高的期待：46.59％和38.21％的受访者认为教师的点评"非常重要"和"重要"。该项量表均值达到 4.28。在完成合作项目学习中的动力因素有哪些的问题中，77.19％的受访者认为动力来自"老师的认真点评"，反映出老师的积极反馈对项目的实施所产生的巨大动力。因此，学生的高期待也会逆向带动教师的成长。

教师对项目内容的选择、对教学任务的分配调控、对学生的教学引导和指导、对学生项目的评价反思，教师引导学生如何从被动学习，变为主动学习，这一系列过程都需要教师做出巨大努力，并不断提升自我。首先，教师需要提高自身综合素质：教师首先要有更强的专业知识基础，

也要有一定交叉学科知识。教师要在充分了解 PBL 教学精髓、课题精髓下用新知识、新思想、新见解来武装自己的头脑，这样才能更好地去引导学生，使其得到最大地提升。其次，教师要有能力驱动学生，保持其乐事其中的情绪和动力：教师需要对学生项目实践过程进行观察，在项目结束后对项目中的每位学生进行形成性评价，评价越多元，对学生产生的影响越深，这就需要教师要充分把握学生项目实践的进展，同时需要对每个学生在项目过程中的表现，包含学习态度、自主学习能力、团队协作及团队学习效率、与教师沟通情况、思政方面等做出量化的评估，给予明确的扣分标准，更让学生更好地了解自己在项目中的表现，激发其更大的动力去参与项目。

通过为期一年的实验教学，参与教师有关研究性项目的指导能力大幅增长，通过制作一系列辅导性课件和微课，实验教师对研究性项目本身的每个环节有了更清晰、准确的认识和掌握；通过辅导和点评大量学生作品，对学生在实践过程中的困难和问题有了准确的把握；通过与学生的沟通和对学生在问卷调查、采访、日志记录中反馈内容的分析，对学生在思想认识上的提高，对项目主题的兴趣、建议与期待，对评价机制的意见、感受有了更为精准的拿捏和判断。实验教师和课题组成员通过一年的实验教学，在教学、教研和科研上都获得了丰硕的成果，具体描述详见第七章。

九、项目教学模式有助于创建公共外语教学课程思政新路径

外语学科属于人文学科，教学内容涉及国内外政治、经济、文化、技术等诸多方面。PBL 的跨学科性使其成为综合内容教学的好方法。思政元素的融入将提高项目的思辨性、思想性和延展性；而项目的兼容性又使思政教育巧妙摆脱宣传灌输的刻板印象，同时其客观、科学的研究性特征亦使思政教育远离形式主义。此外，PBL 有利于公共外语教学找到与专业教学的契合点，即外语教师在不熟悉学生专业课程的条件下，通过发展其项目研究能力，间接助力其专业学习，实现多赢和共赢。应试教育急功近利，只关注语言能力提升的外语教学缺乏大局意识，PBL 关注培育学生能力，发展学生兴趣，与思政相结合的 PBL 更是外语课程思政创新的有效路径。

第二节　依托项目的公共英语课程设计优化空间

当前“依托项目的公共英语课程思政设计”实验效果良好，但依然存在问题和优化空间。

一、思政效果仍然存在优化空间

大多项目汇报都具有完整清晰的逻辑结构，但普遍研究深度不足，因此对研究话题认识的拓宽和加深较为有限，相应对自我认识和他人认识的影响也有限。认识深度不足的致因如下：

（1）项目主题需进一步优化。好的项目主题需要满足如下要求：①有价值：一个好的话题必须贴近学生的学习与生活，对接现实和现实需求，有助于引导其塑造正确的价值取向。②有趣味：学生对话题的兴趣和对项目的投入及研究成果的质量成正比，问卷调查显示学生对项目的期望更多的是增加其话题趣味。③难易合适：选题难度能明确反映学生解决问题的能力和对知识掌握的程度，话题的深度需基本契合学生当前的能力，能让学生在原有经验的基础上，通过查阅文献、小组讨论等对其现有认知步步加深。④具有合适的发散度：教师要对话题具有相当的把握，控制其具有一定范围的发散度。一方面，学生有发挥的空间，如解决问题的方法和答案具有不唯一性；另一方面使学生思维发散限定于一定的范围，不致轻易偏离主题。⑤有一定的熟悉度：在前期，项目主题需尽量选择学生熟悉的话题，这样可以充分调动学生的积极性，让每位学生都能有话可说，更好地实现主体的转变。当学生对研究方法都掌握了之后，可以尝试陌生领域的选题，总之不能操之过急，要徐徐而行。

（2）研究聚焦不足。根据项目主题拟制具体研究目标的辅导和训练有待跟进。实验过程中发现：当项目主题给定后，大多数小组会忠实地依此展开研究，当主题比较宽泛时，没有意识缩小研究范围，常常导致方方面面都谈，但都只能泛泛而谈；还有就是通过调查发现突出问题时，没有意识聚焦和深入探讨。因此，根据主题适当缩小研究范围和根据调查结果聚焦研究内容的辅导与训练需要跟进。

(3)学生查阅文献和利用文献的意识薄弱且能力有限，教师多次施加引导，部分项目小组意识明显增强，但该环节需要投入较多的时间和精力，加之学生经验不足，多数小组显得力不从心，因此进展缓慢。如果文献环节不佳，后续研究尤其是数据阐释环节往往会视野狭窄，认识肤浅。

(4)学生数据解读意识薄弱，解读能力有限。收集到问卷数据后，学生需要分类、整合、归纳、总结和对比，经过一段时间的训练，学生较好掌握了分类与归纳，对比意识依然不强，如男女生数据存在差异，大家仅仅描述男生数据是多少，女生数据是多少，未关注到差异及差异的致因，缺乏解读意识。在讨论环节，对“问题”的致因解读大多肤浅狭窄，部分是因为文献工作不到位，还有就是缺少联系意识，未把问题放到更大的语境中去审视，如时代、社会、国家等。

(5)评价环节对话题本身关注不足。首先，老师重视点评作品的逻辑性(这是学生初涉研究领域的重点问题)，忽视评价研究发现本身和话题通过研究得到的推进，而老师的点评往往会影响学生的关注点。其次，学生点评重形式轻内容，他们大多判断和评价的依据是 PPT 够不够精美，展示汇报同学的英语是否标准流畅。问卷调查显示“在学生最希望达成的项目目标中”，“获得对讨论问题的深入理性的认知”是排在末尾的，说明学生未重视对话题本身的深入挖掘。

(6)教师对研究话题的认识有限，致使辅导和点评的启发性不足。教师不但要通过设计项目主题达到引导塑造学生价值取向的作用，还要对话题具有深刻的了解和认识，这样才能在点评中发挥更大的作用。

(7)做项目的同学获得的认识和提升大于聆听汇报的同学，动手动脑的实践效果必然大于聆听效果，但聆听效果不佳的部分原因是他们在聆听时缺少主体意识，缺少任务驱动，导致注意力不足。此外，通过多次项目汇报的即时反馈数据来看，听众聆听项目汇报后，大部分对项目话题的认识依然停留在原来的水平，只有 13.65％的听众得到增益，认为对话题有了更加理性的认知。同时，在对某一实验班十几个项目成果的分析中发现，只有一两组思维的高度显著上升到更高的层面，这与 13.65％的概率是贴近的，说明听众的感知判断是基本准确的。实验阶段的 PBLI 话题较为生活化，听众具备以往经验知识，相比于实践者仅缺少查阅、整理知识这一过程，如研究深度不足，听众很难获得满足感。

二、能力培养依然存在缺陷

(1)PBLI 无法提供纯粹的目的语环境。根据对学生项目实践过程的观察,发现在实际项目实践过程中,学生很难完全做到脱离母语环境,同时通过问卷调查结果可知,在“在项目实践中,我认为这些能力对我最有帮助”这一问题上,认为英语应用能力对其在项目实践重要的学生占比最低,说明在项目实践过程中学生应用英语较少,更多的是使用母语展开项目。

项目开展于课堂之外,与学生交流之间,教师无法对项目全过程做到有效监控,所以当前的项目式学习无法真正地为学生提供更为纯粹的目的语语言环境。英语实际的应用只能在项目成果(PPT 和研究报告)和项目展示汇报时得到体现。如果加大目的语文献要求,如果问卷调查和采访也要求使用英文,情况则可有较大改观,但调查范围会大幅缩小,问卷的有效率会大幅下降,甚至出现采访摆拍,导致项目的研究性特点减弱,有悖于课题的初衷,因此其可行性有待探索。

(2)PBLI 可能会固化学生能力。首先,在项目教学模式中学生是主体,但当学生突然由长期传统教学模式转入,可能无法适应,没有意识到自己变成学习的主体,这就导致部分学生由依赖老师转为依赖能力较强的学生或项目负责人,他们自行将能力较强的学生或项目负责人代入成学习的主体,结果是强的变得更强,弱的甚至缺乏参与感。其次,在项目化教学中,在前期小组项目任务分配时,学生一般会选择自己擅长的项目任务,组长也会尽其才显其能,这样才能强强联合,保证项目成果的质量,大家较少尝试陌生领域,陌生环节总是由组长和有能力发展愿景的同学承担,这导致部分同学长期负责固定板块的任务,由此能力得以固化,在初期阶段的固化有利于某些能力得到充分发展和精进,如长期如此,则综合能力提升受限。针对能力固化的问题可以采取重新编组的策略,甚至把能力雷同的同学编为一组,使他们体验不同的工作环节,让其在不同方面得到能力的提升。此外,评价体系可细化到个人能力发展变化,不完全根据作品整体质量评价小组工作,但评价的工作量会加大,其可行性也有待探索。

三、辅导课程体系还不完善

学生对做研究型项目掌握的速度、项目作品的质量与教师的指导、辅导课程的完善度密切相关。目前研究性项目辅导系统已初步建立,但仍在完善中:首先,当前的辅导性课件有待于全部转化为微课;其次,需要分析研究学生项目成果,根据作品反映的学生能力缺陷,制作课件和微课。例如,如何从话题中凝练题目、观点和研究目标?如何把握宏观逻辑?什么是抽象概括能力?如何实现抽象概括?如何解读数据?如何深入采访获得有价值数据?如何撰写规范的研究报告?等等。此外,随着研究能力的提升,研究主题会外延或不局限于教材,研究方法和研究对象会拓展,统计分析软件的应用和解读能力成为必需,现有辅导课程显然不够,需要进一步完善和扩展。

四、情绪和动力调动不足

从宏观来看,在实验过程中,学生在实验第一阶段末期,和第二实验阶段初期表现出较高的兴奋度。第一阶段初期,因初次涉猎好奇和畏难心理兼而有之;第一阶段末期,之前的案例或成功或失败给他们带来了可借鉴的经验,他们掌握了方法,项目实践渐入佳境,成果质量提高且兴趣盎然。第二阶段初期,有过实践经验的项目小组第二次做项目时自信心和能力大增,之后随着掌控能力的不断提升,同学们积极性开始下降,越来越多的同学提出希望做自己感兴趣的话题,他们渴望新的挑战。

项目实践情绪与动力不足原因祥析如下。首先是内因:(1)项目难度高,学生依赖心理强。项目教学模式对学生的自学能力要求很高,在这种教学模式中,学生是实践主体,老师是指导性助手,长期以来的学习习惯令部分学生无法适应不能直接获得知识和解决问题方案的情况,因此,在项目式教学早期,一些自学能力弱的学生无法快速适应这一角色转变,有显著畏难心理,需要教师做出积极引导。(2)对主题缺乏兴趣,认为难度不足。随着对研究性项目掌控能力的增强,学生有欲望自己拟制主题展开实践研究,逐渐对给定主题产生厌倦心理。

其次是外因:(1)时间,精力有限。随着专业学习压力的增大,学生没有充足的余力，因此逐渐疲于应付。(2)小组合作不愉快。部分小组组长领导力不足，组员配合意识不强，导致团队凝聚力差，因此项目推进困难。(3)评价存在缺陷。横向对比评价机制无法对项目小组历时的进步施予鼓励和表扬，小组的进步被忽视，积极性受到抑制，建议增加纵向评价机制。此外，评价整体，忽视个体，使小组成员的个人奉献和个人进步得不到赏识和鼓励，建议增加评价维度，如组内评价，还有学生在完成项目汇报之后，可以对听众的学习质量做出评估，同时收集听众的意见，促学促研。(4)展示与奖励机制：调查显示同学们希望“参加更高平台的比赛”“获得平时成绩加分”和“实物奖励”，这也是调动积极性的外部因素。

结　语

一、研究总结

课题以立德树人、发展英语运用能力、培育大学生学术素养等为目的，依托项目创新公共英语课程思政，通过2021至2022年两个学期的实验教学已达成如下目标：结合教材的单元主题、学生实际和思政目的拟制项目；构建项目教学框架；完成项目教学框架下的公共英语课程思政教学设计；制作完成系列微课和课件辅导学生快速掌握调查研究类项目的实践路径；通过两期实验在一定程度上优化教学设计；通过教学效果测定验证了该教学设计的有效性；建立有效的评价体系。

通过对师生两个层面的定量定性测试以及其他相关的支持性数据，证明了该课程设计能够对大学生“三观”的塑造发挥隐性的积极作用，学生非常认可该课程设计，大多数学生能够饶有兴趣地投入其中。研究证明该课程设计有助于增强学生的理性认知并提高其思想认识，有助于锻炼学生的高阶思维能力，有助于挖掘学生的差异性特征，有助于初步培育学生的学术素养、培养学生团队协作能力和沟通能力，和提高学生的语言技能，有助于提升教师自身的思政认识和课程思政教育水平，提高教师的科研自信。多方面信息和数据表明教师在教学、教研和科研能力上都相应得到了显著的发展。

二、研究成果

实验教师及课题组成员在教学、教研、科研方面获得了丰硕的成果，具体信息在第七章已有详述，此处不再赘述，如下是实验班学生获得在实验阶段获得的成果：

（一）直接成果

在 2021—2022 第一学期（一期实验），19 个实验班级共计产出 139 个作品。在 2021—2022 第二学期（二期实验），17 个实验班级（因中途教学任务调整，2 个实验班退出实验）共计产出 127 个项目作品。

在二期实验阶段，学生参与情绪空前高涨、研究能力渐入佳境，优秀作品层出不穷，几位资深评审教师根据统一评分标准仔细甄选，从 127 个作品中评选出如下十个入围决赛的作品，这些作品有的设计新颖，有的剖析深刻，有的展示精彩。最后，课题组在决赛作品中选出特等奖（1 个）、一等奖（2 个）、二等奖（3 个）、三等奖（4 个），入围决赛的作品（小组的每一个参与者）都获得了奖状和奖励。这些荣誉让同学们感到努力受到了认可。

表 1　获奖项目作品

奖项	入围项目作品
特等奖 1	新闻英语 21-1 Unit 1
一等奖 2	信息英语 21-7 Unit 6 历史英语 21-2 Unit 1
二等奖 3	政管英语 21-1 Unit 2 纺服英语 21-1 Unit 8 化工英语 21-5 Unit 5
三等奖 4	纺服英语 21-1 Unit 3 新闻英语 21-1 Unit 8 文学英语 21-1 Unit 5 新闻英语 21-1 Unit 4

（二）间接成果

（1）大学生创新训练计划项目：实验班总计有 17 名同学获批校级、自治区级、国家级立项，除主持获批项目外，至少有 69 人参与项目。

表 2　学生获批的大创立项(主持)

实验班教师	校级	自治区	国家级	合计
杜 *	3	1	1	5
胡 **	2	2	1	5
周 *	2	5	0	7
合计	7	8	2	17
21 级项目总量	15	31	16	62
实验班项目比例	46.67%	25.81%	12.5%	27.42%

实验班学生参与实验班之外的同学主持的项目达 18 项,4 个校级项目,10 个自治区项目,4 个国家级项目。

表 3　学生获批的大创立项(参与)

实验班教师	校级	自治区	国家级	合计
杜 *	2	2	3	7
胡 **	1	6	1	8
周 *	1	2	0	3
合计	4	10	4	18

从表 2、表 3 可以看到,在获批立项中,实验班学生在同级学生校级立项占比高达 46.67%,省级立项占比达 25.81%,国家级立项占比达 12.5%,平均占比达 27.42%,17 个实验班在全校 102 个同级英语班中的占比是 16.7%,所以可以说是成果显著。2021 级学生的项目总额是 62 项,实验班学生参与和主持项目总数达到 35 项,占比 56.5%,由此可见,本课程设计在一定程度上促进了学生的科研觉醒。

(2)短视频比赛:实验班大多数项目小组使用了视频采访的研究方法,在完成视频采访后,项目组需要利用软件进行视频剪辑,字幕音效合成等工作,因此在制作短视频上显示出较大的自信。在学校外语文化节短视频比赛消息发布后,实验班同学纷纷自发报名参加,获得了一系列校级奖项,如《拉齐尼的故事》《十二木卡姆》《毛皮滑雪》《新疆昌吉》《羊肉串》等。

三、课题研究的局限性

(1)思政方面:由于研究周期有限,课程设计依然存在多方面的问题有待优化。例如,课程思政与项目式教学结合后产生的思想认识提升如何通过采集和整理生成教师课程思政的有效支撑等。此外,思想认识评价在实验过程中未得以凸显,作为课程思政设计的关键环节,在方法设计上仍然需要继续探索。

(2)英语语言能力培养依然存在缺陷:①辅导课程体系还不完善,如学术类英语写作语言辅导课程;②"语言能力"在评价系统中地位不够突出,此外评价手段客观性不足,建议使用软件或平台作为辅助性手段;③激励机制不够全面。通过撰写研究报告提高语言语篇能力是重要途径,研究报告仅点评不参评不利于研究报告撰写的提高。

(3)评价维度不足,便捷性不足:①缺少对项目小组的纵向评价,和小组内部的个人评价;②教师点评项目和记录工作日志费时费力,不利于本教学设计的推广,建议设计小程序,只需点选便能完成如上工作,方便老师,也方便研究者收集信息。

(4)过程管理不到位,对学生的研究过程参与不足,需要在方便的过程管理机制上进行改进。

总体来看,实验教学收获颇丰,但依然存在较多问题,研究在设计与实践中也多有不尽如人意之处。不论是优点,抑或是缺陷,研究者都希望能够为公共英语课程设计以及项目式教学实践提供一定的参考与借鉴。

附录 1

项目课程设计下学生态度与能力发展情况调查

第 1 题:我对英语课程中的“小组课题合作项目”的学习方法,我的态度是[量表题]

本题平均分:4.1

选项	小计	比例
非常不认可	16	3.12%
不认可	12	2.34%
一般	100	19.49%
认可	162	31.58%
非常认可	223	43.47%
本题有效填写人次	513	

第 2 题:我对做项目的(兴趣)感受是[量表题]

本题平均分:3.63

选项	小计	比例
非常无趣	15	2.92%
无趣	27	5.26%
一般	190	37.04%
有趣	184	35.87%
非常有趣	97	18.91%
本题有效填写人次	513	

第 3 题:在小组做项目的实践中,我一直积极参与,保持较高的积极性[量表题]

本题平均分:3.96

选项	小计	比例
非常不赞同	5	0.97%
不太赞同	10	1.95%
一般	128	24.95%
赞同	225	43.86%
非常赞同	145	28.27%
本题有效填写人次	513	

第 4 题:通过做项目,我的这些能力得到了显著的提升[多选题]

选项	小计	比例
英语应用能力	338	65.89%
逻辑思维能力	346	67.45%
沟通表达能力	349	68.03%
解决问题能力	275	53.61%
团队协作能力	392	76.41%
科学研究能力	168	32.75%
创新能力	185	36.06%
审美能力	204	39.77%
评价能力	204	39.77%
本题有效填写人次	513	

第 5 题:通过项目课题实践,我学会了[多选题]

选项	小计	比例
项目宏观设计	305	59.45%
根据研究目标拟制有效问卷	307	59.84%

续表

选项	小计	比例
调查研究的方法，如：问卷调查和深度访谈	306	59.65%
描述研究数据	253	49.32%
分析与讨论数据	318	61.99%
到知网等平台查找文献和资料	278	54.19%
规范地撰写参考文献	172	33.53%
撰写简单的研究报告	213	41.52%
本题有效填写人次	513	

第 6 题：通过项目实践，我的这些思维能力得到了提高[多选题]

选项	小计	比例
因果推导的能力	304	59.26%
归纳总结的能力	371	72.32%
对比分析的能力	332	64.72%
辩证分析的能力	274	53.41%
信息分类整合的能力	313	61.01%
逻辑思维的能力	241	46.98%
其他	2	0.39%
本题有效填写人次	513	

第 7 题：通过项目实践，我的这些技术得到了锻炼和发展[多选题]

选项	小计	比例
PPT 设计与制作	367	71.54%
视频剪辑与合成	287	55.95%
图表设计与运用	303	59.06%

续表

选项	小计	比例
制作网络问卷	302	58.87%
拍摄照片与视频	229	44.64%
本题有效填写人次	513	

第 8 题:在项目实践中,我认为这些能力对我最有帮助的[多选题]

选项	小计	比例
独立思考,深入推进的能力	274	53.41%
整理数据,分析问题的能力	299	58.28%
逻辑思维,整合要素的能力	244	47.56%
善于倾听,善于交流的能力	162	31.58%
组织、合作、包容、配合的能力	180	35.09%
PPT 设计和制作的能力	153	29.82%
英语运用的能力	68	13.26%
其他	1	0.19%
本题有效填写人次	513	

第 9 题:我认为小组课题合作项目启蒙了我的学术研究,培育了我开展学术研究的基本素养[量表题]

本题平均分:3.87

选项	小计	比例
非常不赞同	9	1.75%
不赞同	11	2.14%
一般	142	27.68%
赞同	228	44.44%
非常赞同	123	23.98%
本题有效填写人次	513	

第 10 题：我对我们小组完成的项目[量表题]

本题平均分：4.07

选项	小计	比例
非常不满意	6	1.17%
不满意	9	1.75%
一般	108	21.05%
满意	210	40.94%
非常满意	180	35.09%
本题有效填写人次	513	

第 11 题：我们在项目设计时，最希望达成这样的目标[多选题]

选项	小计	比例
完成作业，获得相应平时成绩	214	41.72%
完成高质量的研究性作品，获得同学和老师的认可	344	67.06%
突出小组特色，彰显个性	174	33.92%
实现团队合作融洽	152	29.63%
获得对讨论问题的深入理性的认知	85	16.57%
其他	0	0%
本题有效填写人次	513	

第 12 题：在小组课题项目实践过程中，下列哪些困难或问题是最突出的[多选题]

选项	小计	比例
不知道如何设计项目	163	31.77%
前期项目设计不合理，后期无法推进	200	38.99%

续表

选项	小计	比例
问卷问题设计不佳，无法获取有价值的数据	209	40.74%
不知道如何深入分析和讨论数据	194	37.82%
文献工作不足，视域狭窄	190	37.04%
制作英文 PPT 的能力不足	142	27.68%
团队讨论分歧大，意见不统一	40	7.8%
团队工作缺乏计划、组织和协作精神，工作态度不认真，缺乏责任感	78	15.2%
其他	3	0.58%
本题有效填写人次	513	

第 13 题：如果下次还有机会做项目，我认为最需要注意这些环节[多选题]

选项	小计	比例
为后期得以顺利推进，前期项目设计要合理	264	51.46%
问卷问题一定要围绕研究目标展开	225	43.86%
问卷问题和选项一定要精心设计以获取有价值的数据	290	56.53%
早做准备，早完成，多修改	272	53.02%
分工明确，齐心协力，人尽其用	220	42.88%
搜集足够的文献和资料	112	21.83%
课堂汇报者要提前反复练习	70	13.65%

续表

选项	小计	比例
PPT要制作精良，逻辑清晰，美观大方	133	25.93%
其他	1	0.19%
本题有效填写人次	513	

第14题：我对做项目的期待是[多选题]

选项	小计	比例
提高英语水平	356	69.4%
提高社交能力	285	55.56%
提高团队协作能力	359	69.98%
扩大知识面	298	58.09%
课题项目更轻松有趣	235	45.81%
选题自由，可以自主选择	184	35.87%
其他	4	0.78%
本题有效填写人次	513	

第15题：在做项目过程中，需要和团队成员进行频繁交流。在交流中，如下品质中我认为最重要的是[多选题]

选项	小计	比例
善于聆听	276	53.8%
灵活的交流策略，如当意识到自己的风格和情绪对他人和推进项目产生影响时，能快速调整方式，缓解人际冲突	413	80.51%
坚持自己的想法，同时对别人保持尊重的态度	225	43.86%
不固执己见，善于采纳建议	180	35.09%

续表

选项	小计	比例
讲文明，讲礼貌	103	20.08%
理性阐释观点，不带情绪	134	26.12%
其他	4	0.78%
本题有效填写人次	513	

第 16 题：在和团队成员的交流过程中，我努力做到了哪些[多选题]

选项	小计	比例
善于聆听	295	57.5%
灵活的交流策略，如当意识到自己的风格和情绪对他人和推进项目产生影响时，能快速调整方式，缓解人际冲突	337	65.69%
坚持自己的想法，同时对别人保持尊重的态度	219	42.69%
不固执己见，善于采纳建议	191	37.23%
讲文明，讲礼貌	150	29.24%
理性阐释观点，不带情绪	112	21.83%
其他	1	0.19%
本题有效填写人次	513	

第 17 题：在访谈环节，需要注意的问题有哪些[多选题]

选项	小计	比例
采访的问题要有针对性	321	62.57%
采访目标的选定要有代表性	280	54.58%
采访内容要循序渐进、逐步深入	344	67.06%
采访方式要礼貌大方	189	36.84%

续表

选项	小计	比例
尊重受访者的要求	176	34.31%
选择合适的录音或拍摄软件	50	9.75%
其他	0	0%
本题有效填写人次	513	

第18题:我认为做项目的意义在于[多选题]

选项	小计	比例
增加英语学习的兴趣	257	50.1%
树立团队合作的意识	338	65.89%
增强逻辑意识	238	46.39%
学会一些技能,如制作PPT和使用问卷星	239	46.59%
意识到沟通和交流的重要性	116	22.61%
对研究的话题有了更理性的认识	70	13.65%
培养理性的思维习惯,不轻易下结论、做判断	81	15.79%
本题有效填写人次	513	

第19题:老师对小组项目的点评,我认为[量表题]

本题平均分:4.28

选项	小计	比例
一点都不重要	6	1.17%
不重要	3	0.58%
一般	69	13.45%
重要	196	38.21%
非常重要	239	46.59%
本题有效填写人次	513	

第 20 题:我认为如下这些做法会成为我做项目的重要动力[多选题]

选项	小计	比例
老师客观认真地点评	396	77.19%
同学的赞赏	357	69.59%
成为同一单元众多班级的最佳作品,并得到展示	320	62.38%
在更高平台参加比赛	181	35.28%
平时成绩加分	257	50.1%
实物奖励	91	17.74%
本题有效填写人次	513	

附录 2

一、通过访谈了解实验班学生的思政教育效果、学习兴趣、项目研究等综合能力的发展,并实施定性分析。

(1)在英语课程中,大家完成了一些简单的课题研究项目,请问你对课程中的这些活动的安排与设计有什么突出的想法?

(2)你在研究实践中做了哪些工作?你觉得通过课题实践,你的哪些能力得到了发展与锻炼?

(3)研究项目围绕与教材单元主题相关的话题展开调查和分析,小组通过获取的数据,进行分析和讨论。你对这些话题的认识有何变化?可以举个例子吗?

(4)你喜欢做课题研究吗?如果还有机会组织或参与,你对自己的期待是什么?你对老师的期待是什么?你对课题的研究内容有什么期待,有什么建议,也就是你还希望研究讨论什么?

(5)你认为课题研究实践是否有助于你的专业学习和学术素养的提升?能否举例说明?

二、通过访谈了解老师在实验过程中的经历、经验、感受和认识,及其组织协调能力的发展与提高,并实施定性分析。

(1)在组织项目开展过程中,你认为项目式学习是否有助于课程思政的开展?请举例说明?

(2)通过项目式教学实践,你对公共英语教学的课程思政有哪些新的认识?

(3)在辅导学生开展项目实践的过程中,以及从学生的项目研究成果中,你有怎样的收获?

(4)你认为通过项目研究实践,学生哪些能力得到较为显著的提高?学生表现出的不足和问题是什么?

(5)作为教师,你认为自身的不足和局限有哪些?在项目研究开展中你认为自己做的不够理想的环节是什么?你还有哪些其他方面的感受?

参考文献

一、国外著作

[1]Long M H (ed.). *Second Language Needs Analysis*[C]. Cambridge: Cambridge University Press, 2005.

[2]Beckett G, Miller P. *Project-based second and foreign language education: past, present, and future*[M]. Information Age Pub. 2006.

[3]Bloom B S, Committee of College and University Examiners. *Taxonomy of educational objectives*[M]. New York: Longmans, Green, 1964.

[4]Bloom B S, Messia B B & Krathwohl D R. *Taxonomy of Educational Objectives* [M]. New York: David Mc Kay, 1964.

[5]Creswell, J.W., *Research Design: Qualitative & Quantitative Approaches*[M]. London: SAGE Publication, 1994.

[6]Dewey, J. & E. Dewey. *Schools of Tomorrow*[M]. London: J. M. Dent & Sons., 1915.

[7]Dewey, J. *Democracy and Education: An Introduction to the Philosophy of Education*[M]. New York: Macmillan, 1926.

[8]Eyring J L. *Teacher experiences and student responses in ESL project work instruction: A case study*[M]. University of California, Los Angeles, 1989.

[9]Haines S. *Projects for the EFL classroom: resource material for teachers; contains copy masters*[M]. Nelson, 1989.

[10]Halliday, M. A. K. & R. Hasan. 1976. *Cohesion in English* [M]. London: Longman.

[11]Georgkopoulou, A… Goutsos, D. *Discourse Analysis: An Introduction*[M]. Edinburgh University Press. 1999.

[12]Jackson P W. *Life in classrooms*[M]. Teachers College Press, 1990.

[13]Mcnamara D. S.; A. C. Graesser, P. M. Mccarthy, et al. *Automated evaluation of text and discourse with Coh—Metrix*[M]. New York: Cambridge University Press, 2014.

[14]Stoller, F. L. *Project work: A means to promote language content. English Teaching* [M]. Cambridge: Cambridge University Press, 1997.

[15]Vandijk, Teun A. & Kintsch, W. *Strategies of Discourse Comprehension*[M]. New York: Academic Press, 1983.

[16]Smith P. L. & Ragan T. J. *Instructional Design (Third Edition)* [M]. Shanghai: East China Normal University Press, 2008: 114-119.

[17]Cumming A. Writing expertise and second - language proficiency[J]. *Language learning*, 1989, 39(1): 81-135.

[18]Graesser, A. C.; D. S. McNamara; M. M. Louwerse, & Z. Cai. 2004. Coh—Metrix: Analysis of Text on Cohesion and Language [J]. *Behavior Research Methods, Instruments, & Computers*, 36(2): 193-202.

[19]Hedge, T. Key concepts in ELT: Fluency and project[J]. *ELT Journal*, 1993 (3): 275-277.

[20]Kilpatrick W H. The project method[J]. *Teachers college record*, 1918, 19(4): 1-5.

[21]Legutke M, Thomas H. Building bricks: communicative learning tasks[J]. *Process and experience in the language classroom*, 1991.

[22]Beckett, G. H. *Project-based instruction in a Canadian secondary school's ESL classes: Goals and evaluations* [D]. Unpublished doctoral dissertation, University of British Columbia, Vancouver, 1999.

二、国内著作

[1]刘燊.社会科学研究方法[M].合肥:中国科学技术大学出版社,2023.

[2]教育部高等学校大学外语教学指导委员会.大学英语教学指南(2020 版)[M].北京:高等教育出版社,2020.

[3]白舒娅,金伟.高校课程思政研究综述[J].大中小学思政课教学一体化研究,2022(04):152-153

[4]陈旭辉,张荣胜.项目教学的开发原则和教学流程设计[J].职业教育研究,2008(12):75-76.

[5]陈旭辉,张荣胜.项目教学的项目开发、教学设计及其应用[J].中国职业技术教育,2009(08):59－61.

[6]陈治安,杜世洪.试论连贯研究的方法[J].西南师范大学学报(人文社会科学版),2002(01):166-170.

[7]崔国鑫.高校外语专业课程思政建设思考与探索[J].国家教育行政学院学报,2020(10):37-42＋77.

[8]杜慧颖,蔡金亭.基于 Coh－Metrix 的中国英语学习者议论文写作质量预测模型研究[J].现代外语,2013.

[9]甘容辉.项目依托式协作探究学习在外语教学中的应用——基于"互联网＋"背景[J].成都师范学院学报,2019,35(01):29-35.

[10]高宁,张梦.对"课程思政"建设若干理论问题的"课程论"分析[J].中国大学教学,2018(10):59-63.

[11]顾佩娅,朱敏华.网上英语写作与项目教学法研究[J].外语电化教学,2002(06):3-7.

[12]郭丽.项目教学法在大学英语教学中的应用研究[J].北京印刷学院学报,2021,29(11):115-117.

[13]洪长礼.项目教学法的培训效果初探[J].管理与效益,1998(04):42.

[14]黄国文,肖琼.外语课程思政建设六要素[J].中国外语,2021,18(02):1＋10-16.

[15]霍玉秀.基于"项目式学习"模式的英语教学法实证研究[J].语

文学刊(外语教育教学),2013(10).

[16]江进林.Coh-Metrix 工具在外语教学与研究中的应用[J].中国外语,2016.

[17]蒋家平.努力提高学生的英语写作能力[J].外语界,1995(04):23-26+48.

[18]李继燕.信息技术支持下项目式大学英语教学实践与反思[J].教学研究,2019,42(03):63-69.

[19]梁国杰.议语篇连贯概念的界定[J].语文学刊(外语教育与教学),2009(09):47-48.

[20]刘景福,钟志贤.基于项目的学习(PBL)模式研究[J].外国教育研究,2002(11):18-22.

[21]刘育东.论依托项目的外语教学理论基础[J].河北师范大学学报(教育科学版),2019,21(04):118-124.

[22]刘正光,岳曼曼.转变理念、重构内容,落实外语课程思政[J].外国语(上海外国语大学学报),2020,43(05):21-29.

[23]罗良功.外语专业课程思政的本、质、量[J].中国外语,2021,18(02):60-64.

[24]罗遐.大学生科研能力培养策略研究[J].当代教育理论与实践,2015(7):155-157.

[25]马艳颖,孙洪波,贾琦琦.中国经典外译连接词对比研究[J].上海翻译,2020(06):40-45.

[26]苗兴伟.关联理论对语篇连贯的解释力[J].外语教学与研究.1999(3):11.

[27]苗兴伟.论衔接与连贯的关系[J].外国语(上海外国语大学学报),1998(04):45-50.

[28]盘峻岚.项目学习法对英语专业学生批判性思维能力影响的实证研究[J].现代语言学,2017,5(3):267-277.

[29]孙有中.课程思政视角下的高校外语教材设计[J].外语电化教学,2020(06):46-51.

[30]王会花,施卫萍.外语专业课程思政教学改革实践路径探析[J].外语界,2021(06):38-45.

[31]王学俭,石岩.新时代课程思政的内涵、特点、难点及应对策略[J].新疆师范大学学报(哲学社会科学版),2020,41(02):50-58.

[32]文秋芳.大学外语课程思政的内涵和实施框架[J].中国外语,2021,18(02):47-52.

[33]武会芳.外语项目化教学中小组项目评价方式与难点分析[J].大学教育,2017(08):180-183.

[34]肖琼,黄国文.关于外语课程思政建设的思考[J].中国外语,2020,17(05):10-14.

[35]杨金才.外语教育"课程思政"之我见[J].外语教学理论与实践,2020(04):48-51.

[36]叶方兴.科学推进专业教育与思政教育相融合[J].中国高等教育,2020(Z2):10-12.

[37]喻琼,张霞.基于隐性课程理论的课程思政建设所存问题与对策探索[J].西南科技大学学报(哲学社会科学版),2021,38(06):71-76.

[38]张德禄.语篇连贯的宏观原则研究[J].外语与外语教学,2006(10).

[39]张凤祥.基于项目教学法的大学英语精读教学[J].铜仁学院学报,2009,11(02):132-134.

[40]张明芳.后方法视角下外语教学中的项目学习框架[J].河北师范大学学报(教育科学版),2011,13(06):88-92.

[41]张文兰,张思琦,林君芬,吴琼,陈淑兰.网络环境下基于课程重构理念的项目式学习设计与实践研究[J].电化教育研究,2016,37(02):38-45+53.

[42]张文忠.PBLI——本土化的依托项目英语教学模式[J].中国外语,2015,12(02):15-23.

[43]张文忠.国外依托项目的二语/外语教学研究三十年[J].中国外语,2010,7(02):68-74.

[44]张颖.项目式教学对民办大学生英语学习内在动机的影响研究[J].科教导刊,2022(13):29-31.

[45]赵雯,刘建达.《大学外语课程思政教学指南》内容重点研制与阐释[J].外语界,2022(03):12-19.

[46]赵志群.德国职业教育的教学法体系[J].现代技能开发,1995(12):40-41.

[47]郑祥燕.项目式学习在中职英语教学中的应用[J].海外英语,2022(08):238-240.

[48]周毅.衔接与连贯视角下学生英语写作能力的培养[J].当代教育理论与实践,2013,5(07):132-133.

[49]衡芝兰.项目教学法在大学英语写作教学中的实践研究[D].长春理工大学,2014.

[50]黄媛婷.基于 Coh-Metrix 的中国英语专业学生学术论文衔接研究[D].江苏大学,2019.

[51]李慧慧.项目教学法在大学英语口语教学中的实证研究[D].华中师范大学,2011.

[52]王金钢.项目教学法在大学英语阅读教学中应用的实证研究[D].渤海大学,2013.

[53]闫紫琪.基于 Coh-Metrix 的中国英语学习者说明文写作文本特征研究[D].大连海事大学,2020.

[54]曹滢.让学生学得轻松学得好[N].新华每日电讯,2000-09-05(005).

致　谢

2020—2021学年第二学期，即2021年2月底至6月初，笔者在新疆大学2020级六个大学英语任教班级中展开前期实验。在前期实验中暴露了一系列问题，如拟题较为宽泛，学生在研究中难以聚焦，提供的内容框架比较发散，使课题研究难以形成逻辑闭合，由于缺乏系统的线上辅导课程，学生难以找到具体遵循，老师需要就雷同问题反复辅导等。师生双方都较为挣扎。感谢这些参与前期实验的同学，暴露的问题使课程设计有了更清晰的思路，使项目拟题更易于初学者上手，同时这些学生青涩的作品成为老师辅导课程讲解的案例，成功的或者失败的皆成为该课题项目式教学的奠基者。

2021—2022学年，即2021年9月至2022年6月，笔者带领课题组成员在近20个班级中展开两期实验，不断优化设计，完善和丰富辅导课件和微课制作。衷心感谢新疆大学2022级实验班学生、实验班教师杜鋆和周宁老师的积极配合。在实验结束后周宁老师撰写了课程设计部分，杜鋆老师根据实验测定数据（调查问卷），归纳总结了教学效果，王玉玲老师是学生作品评估、评比的重要成员，郭泽、陈勤老师是微课制作的重要参与者，实验班学生陈思颖提供了学生视角的感受，总结了实验中学生层面出现的问题，研究生余静和姚梅在笔者的组织、安排下分析了学生用英文撰写的研究报告。如上老师和学生为研究的开展、实施、优化和课题总结都付出了辛勤的汗水。再次感谢为课题实践和研究做出重要贡献的学生和教师！